¡Sssssshhhhhhhhhh!

Haz del teatro algo íntimo

Llévalo siempre en el bolsillo

Cubierta y diseño editorial: Éride, Diseño Gráfico
Dirección editorial: ángel jiménez
Imagen de portada: Juan A. Pino

Primera edición: mayo, 2025

dientes de flores / llagas / querencia.
© Carlos Herrera Carmona
© VdB, 2025
Espronceda, 5
28003 Madrid

VdB®

ISBN: 979-13-87644-17-8
Depósito Legal: M-10913-2025
Diseño y preimpresión: Éride, Diseño Gráfico

 Este libro protege el entorno

dientes de flores

Carlos Herrera Carmona
(Sevilla, 1970)

Es licenciado en Filología Inglesa –Universidad de Sevilla–, profesor en la Comunidad de Madrid y como dramaturgo pertenece a la Generación de Romero Esteo. En los 90, en su facultad, y a cargo del Taller de Teatro Clásico, traduce obras como *The Rover* de Aphra Behn y dirige *El agua mansa* y *El astrólogo fingido* –versión de Pérez Sierra– de Calderón o *Il teatro comico* de Goldoni. Su formación viene complementada con cursos de Teatro Clásico en Almagro y en Teatro Contemporáneo con Arrabal, en el CAT con Roberto Quintana, Antonio Onetti, Sarah Kane y, en Nuevo Teatro Fronterizo, con Guillermo Heras, Pablo Messíez o Itziar Pascual. Ha dirigido obras propias –*Barahúnda, El Incorrecto, Infectados, Bastardos* y *El perro muerde*– y de autores como Jordi Galcerán –*Palabras encadenadas*– con su compañía Elsinor Teatro. Premios como el de Teatro Mínimo Rafael Guerrero con *Agnus Dei*, y finalista del Romero Esteo *Barahúnda*, ponencias, publicaciones y lecturas dramatizadas de sus piezas en la AAT avalan su trayectoria. Ejerce la crítica teatral para masteatro.com desde hace una década. De su actual producción teatral en su etapa madrileña destacamos: *Trilogía acuática: Misericordia, Esperando el diluvio, El señor y la señora Pit, Sabina, La maldición de Mírtilo* y *En la tierra desnuda –Muerte y resurrección de Antonio Machado–, El águila seguirá su curso, Todo es nocturno, La purga* –traducida al francés–, *Te odiaré si puedo, El tiempo no hace ruido* (premio El Espectáculo Teatral 2023), *Por culpa de los tiempos* y *El gusano está en el corazón del hombre*.

CARLOS HERRERA CARMONA

dientes de flores

Dientes de flores, cofia de rocío,
manos de hierbas, tú, nodriza fina,
tenme prestas las sábanas terrosas
y el edredón de musgos escardados.

Voy a dormir, nodriza mía, acuéstame.
Ponme una lámpara a la cabecera;
una constelación, la que te guste;
todas son buenas, bájala un poquito.

Déjame sola: oyes romper los brotes...
te acuna un pie celeste desde arriba
y un pájaro te traza unos compases

para que olvides... Gracias... Ah, un encargo:
si él llama nuevamente por teléfono
le dices que no insista, que he salido.
                                        Alfonsina Storni

Todos tenemos un mísero miedo a la luz.
                            Ibsen, Espectros.

Death is now a welcome guest.
        Henry Purcell, Dido y Eneas.

Advertencia

Las personas más longevas de nuestro país son el colectivo que más se suicida en España. En 2021, se registraron «999 suicidios en mayores de setenta años, uno de cada cuatro», de los que «519 eran mayores de ochenta años», según datos de la Fundación Española para la Prevención del Suicidio (FSME).

(Fuente: El Mundo, mayo 2023.)

El suicidio es la primera causa de muerte entre jóvenes y adolescentes entre doce y veintinueve años. En 2022 se quitaron la vida en España 345 menores de treinta años, mientras que en 2021 se registraron 338 casos. El pasado año se suicidaron en nuestro país doce niños de diez a catorce años, casi la mitad de los veintidós de 2021.

El mismo desenlace lo protagonizaron 72 adolescentes de quince a diecinueve años en 2022 por 53 el año anterior, mientras que hubo 128 casos el año pasado entre jóvenes de veinte a veinticuatro años por 126 en 2021, y 133 de 25 a 29 años en 2022 por 137 en esta franja de edad en 2021. Lo cierto es que el número de suicidios en adolescentes españoles aumentó un 32,35% entre 2019-2021, pasando de 34 a 45 fallecidos, según recoge el INE.

(Fuente: elEconomista, septiembre, 2023).

Lo irreparable

Dos hogares donde la herencia genética hace estragos. Ya sentenciaba Baudelaire en sus flores malditas que lo irreparable roerá siempre con su diente maldito. «Hay que vivir y vivo», clamaba otro poeta, Blas de Otero. Para los hombres de esta historia este verso impositivo será su mejor soga. Hartos de deambular como vagabundos en el limbo de sus propias mentes, cavan como pueden su propia zanja día tras día. Una vez encuentren el valor necesario, se arrojarán a ella con una sonrisa quebrada en sus labios. Mientras llega dicho atrevimiento para abandonar la partida, ellos descuartizan, sin querer, el ánimo de quienes los rodean. Que la tierra les sea leve es su meta. De ahí que despertar, dormir y vuelta a empezar es pedirles demasiado.

Inician el drama una pareja de octogenarios, Anás y su mujer Amelia. El patriarca, cual Sísifo, busca en la cumbre a la que sube cada día respuestas a preguntas incapaz de formular; Amelia, por su parte, intenta aliviar con su *pietas* y *caritas* la condena que ni su marido, ni su hijo Eduardo, ni su nieto adolescente Asier consiguen sobrellevar. Anás ya intentó liberarse de su yugo en el pasado y fracasó.

Eduardo, lo mismo. Padre e hijo son desafortunados, unos náufragos; ambos desobedecieron a Heráclito en la desmesura y se postulan como incendiarios de sus familias. Asier, quien malvive acuciado por el matón de turno, busca los medios para desaparecer cuanto antes tras la venganza. El mutismo y el amor que le profesa su escudero Izan no son suficientes ni válidos; tampoco lo será el cariño sanador que le brinda su abuela. En cuanto a Silvia, mujer de Eduardo y madre de Asier, no se librará de las embestidas de su hijo. El útero es maldecido y repudiado en cada casa: Eduardo cree haber encontrado su bienestar junto a un hombre mucho más joven que él, Asier arremete contra su madre por haberlo parido y, finalmente, Anás acusa a su esposa por un desecho nacido de ella. Los tres hombres quieren despojar el hartazgo de su sangre como sea. Sin embargo, no es fácil arrancar de las venas los genes —las flores— de la discordia; no hay sangría que los pueda liberar. Tres kamikazes que lanzan sus propias flechas y acuden juntos a la diana para recibirlas.

Por otro lado, Silvia sobrevive con furia y sin éxito, atrofiada ante el descubrimiento de que su rival es una suerte de Antínoo. Ella misma se considera una muerta en vida. Ha sido su hijo Asier quien ha abierto la puerta para que la fatalidad irrumpa en sus vidas. El adolescente le desvelará a su madre la infidelidad de su padre. Eduardo optará, como su padre y como su hijo, por la rendición cuando sea abandonado en un futuro próximo por su nuevo amor. Entre tanto, el corazón de Amelia, transido y hastiado, prefiere dimitir. Alfonsina Storni y Emily Dickinson, cuyos versos circulan por la obra, presagian la catástrofe, mientras que Purcell y su *Dido* dulcifican el derrumbe.

Las razones del adolescente suicida:

ASIER   Muerto ya no se tiene miedo. Se tiene miedo al morir. Yo no.

La apatía terrible del patriarca:

ANÁS   Me refiero a la náusea que sentí cuando te descubrí. Desde aquel momento tengo la cabeza llena de vómito.

La rebeldía sin fruto de la anciana:

AMELIA   ... que tú vivas en la oscuridad no significa que los demás no puedan luchar para salir de ella.

Las consecuencias para Silvia:

SILVIA   Ahora que la infección lo está pudriendo todo.

Las palabras de Eduardo, a modo de epitafio, antes de que caiga el telón:

EDUARDO   Nada más aterrador que un corazón con forma de precipicio.

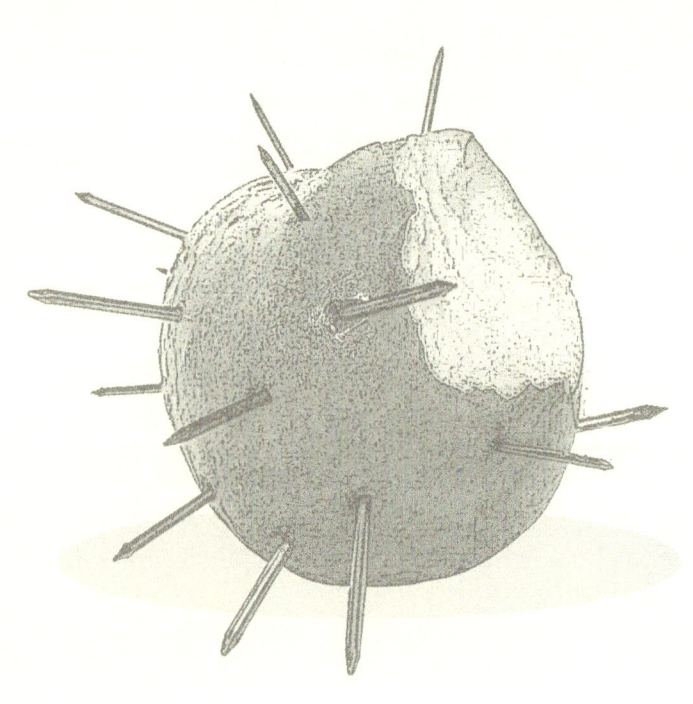

Junto con *Bastardos* y *El tiempo no hace ruido*, *Dientes de flores* conforma mi trilogía sobre el *fatum familiare*. He cumplido mi deseo. El círculo ya está cerrado. La expiación ha llegado a su fin.

El autor

Nota del autor

Se recomienda a quien se acerque a esta obra oír de antemano *Dido's lament*, de Purcell, de su ópera *Dido and Aeneas*. Mientras lo hace, puede dedicarse a contemplar los retratos de Luden Freud que cito a continuación: *Último retrato*, (1976-1977); *Dos irlandeses*, (1984-1985); *David Hockney*, (2002); *Autorretrato, reflejo*, (2002); *Gran interior W9*, (1973); *Cabeza de muchacha*, (1962) y *John Minton*, (1952). De esta manera obtendrá lo que mis palabras no alcanzan a transmitir, como la mirada de los personajes, el tejido de sus vestimentas, los enseres que los acompañan, y lo más difícil: el último aliento de todos ellos antes de que la nodriza de Alfonsina los lleve a los acantilados.

Recomendaciones

La escena se divide en tres espacios: a la derecha del público, Comedor 1 y a la izquierda, Comedor 2. En el centro, Parque. En el Comedor 1 hay una mesa, varias sillas y un aparador. Sobre la mesa, una jarra de agua, vasos y un frutero de cristal lleno de manzanas. Sobre el aparador, un tocadiscos, un vinilo y un teléfono. El Comedor 2 está compuesto por dos niveles que se comunican a través de una escalera. En el nivel inferior hay un sofá; en el superior, una cama individual. En el Parque vemos un banco y junto a él, inevitablemente, un ciprés.

Los personajes pueden «atravesar» los espacios.

Ciclorama al fondo para proyecciones.

El signo / indica una interrupción en el discurso de un personaje por otro.

Dramatis personae

ANÁS	unos 80 años.
AMELIA	unos 70 años.
EDUARDO	unos 40 años.
SILVIA	unos 40 años.
ASIER	unos 14 años.
IZAN	unos 14 años.
PABLO	unos 20 años.
EL JOVEN	unos 20 años.

2 🚺 6 🚹

Episodio 1

Comedor 1. EDUARDO *y* AMELIA *sentados a la mesa, uno frente al otro.* EDUARDO *está tomando una sopa. Silencio.* EDUARDO *termina de comer y se sirve un poco de agua.* AMELIA *se levanta, le retira el plato y sale. Silencio. Unos segundos. Entra* AMELIA *y se vuelve a sentar.* EDUARDO *coge una manzana y empieza a comérsela.*

EDUARDO   Son como las de la otra vez, ¿no?

AMELIA   ¿No te gustaron?

EDUARDO   Sí, claro. Por eso lo pregunto. *(Pausa breve.)* Está muy rica. (AMELIA *sonríe algo forzada.*) Mañana no ceno aquí. *(Pausa breve.)* Me iré por la tarde.

AMELIA   A verla.

EDUARDO   *(Cauto.)* Sí.

AMELIA   Todo el fin de semana. (EDUARDO *asiente.*) Volverás el domingo por la noche, imagino.

EDUARDO   Te voy diciendo. *(Tímidamente.)* Me quiere. (AMELIA *se levanta con intención de salir.*) Me

19

quiere mucho. (AMELIA *yéndose.*) Me quiere, mamá.

AMELIA *(Se detiene y sin mirarlo.)* ¿Hoy en día todo ocurre así? ¿De repente?

EDUARDO Son otros tiempos.

AMELIA Yo también vivo en mitad de estos tiempos y no entiendo cómo puede ocurrir todo tan de repente. *(Tras tomar aire.)* Te presentaste aquí hace un mes, por las buenas, con una mano delante y otra detrás y con una noticia horrible y exigiendo /

EDUARDO ¿Exigiendo?

AMELIA Sí. Exigiendo. Como siempre has hecho. A lo que te hemos acostumbrado. Sobre todo yo.

EDUARDO *(Amable.)* Gracias por todo, mamá.

AMELIA Calla.

(Con intención de salir de nuevo.)

EDUARDO Sigues molesta.

AMELIA ¿Molesta? Aún puedo ponerte la boca del revés por lo que has hecho. *(Pausa breve.)* Acaba pronto, anda. Tu padre está al llegar y no quiero zaragatas. Hoy estoy demasiado cansada. Me cuesta respirar. (*Al advertir el gesto de preocu-pación de* EDUARDO, *disimula.*) Pasará.

EDUARDO   (*Se levanta e inicia el mutis.*) Descansa.

AMELIA   (*Tras una pausa breve.*) Y ten cuidado con la carretera.

EDUARDO   Te aviso cuando llegue.

(AMELIA *asiente.* EDUARDO *sonríe, agacha la ca-beza y sale.* AMELIA *abre un cajón del aparador, saca un pastillero, lo abre y toma una píldora con un vaso de agua. Unos segundos. Sonido de una puerta que se abre y se cierra. Unos segun-dos. Entra* ANÁS *y la saluda con la mano con desgana.* AMELIA *le sonríe.*)

AMELIA   ¿Traes hambre? ¿Qué vas a querer cenar?

ANÁS   Poca cosa.

AMELIA   Pues dime. ¿Qué te apetece?

ANÁS   Ya te he dicho que poca cosa.

AMELIA   (*Dulce.*) ¿Parezco una adivina?

ANÁS   Lo que pareces es tonta. Lo que se te ocurra. (AMELIA *le acaricia el hombro.* ANÁS *se sienta lejos de ella.*)

AMELIA   ¿Por dónde has paseado hoy?

ANÁS   He subido al monte. Por fin.

AMELIA   *(Bromista.)* Estás hecho todo un atleta.

ANÁS   *(Áspero.)* Allí arriba me siento libre.

AMELIA   Como si fueras a echar a volar...

ANÁS   *(Sin oírla.)* Allí puedo respirar /

AMELIA   Como si pudieras meterte el aire del valle por la garganta.

ANÁS   *(Sin oírla.)* Allí me olvido de aquel cuarto donde me encerrábais. *(Pausa breve.)* ¿Cuántos meses estuve atado?

AMELIA   Eso ya pasó. Ahora a comer y a dormir. Mañana, Dios dirá.

ANÁS   *(Para sí, sin oírla.)* Hoy me he levantado con esa cosa en la cabeza.

AMELIA   *(Inquieta.)* Hacía tiempo que no te pasaba.

ANÁS   ¿Cuántos meses estuve atado? Di.

AMELIA   Los suficientes para ponerte bien. Esos nervios tuyos... y esas ideas...

ANÁS   (*Igual.*) Todo es por él. (*Como respuesta a la
        mirada de* AMELIA.) Por el intruso.

AMELIA No volvamos a lo mismo, por favor.

        (AMELIA *lo besa en la coronilla.* ANÁS *se quita el
        beso como si fuera una mosca, coge una manza-
        na y comienza a comérsela absorto.*)

ANÁS   El intruso, ¿se ha acostado o se ha ido?

AMELIA No lo llames así, por favor.

ANÁS   El intruso, ¿se ha acostado o se ha ido?

        (AMELIA *toma aire.* ANÁS *la interroga con la mi-
        rada.*)

AMELIA Mañana.

ANÁS   ¿Para siempre?

AMELIA Solo el fin de semana.

        (ANÁS *tira la manzana contra el suelo.*)

ANÁS   Mañana cambio la cerradura.

AMELIA Por favor...

ANÁS   Por favor, ¿qué?

AMELIA No tiene adónde ir.

ANÁS   Pues que se quede allí con su ramera. Ya ves
            que no tiene pereza para irse con ella todos los
            fines de semana. Solo piensa en su disfrute.

AMELIA   Está buscando trabajo, Anás.

ANÁS   ¿Trabajo?

AMELIA   Sí, trabajo. (*Pausa breve.*) A ver cómo se va re-
            solviendo todo.

ANÁS   Lo hicimos mal.

AMELIA   Hicimos lo que pudimos.

ANÁS   Tú lo hiciste peor que yo. Querías que se pa-
            reciera a ti.

AMELIA   Baja la voz, por favor, que te va a oír.

ANÁS   ¿Crees que me importa?

AMELIA   A mí sí.

            (ANÁS *la mira de arriba a abajo.*)

ANÁS   Y deja de darle dinero. Mi dinero.

AMELIA   Yo no le doy dinero.

ANÁS   ¿De dónde saca entonces para tanto capricho?
            No me chupo el dedo.

AMELIA   ¿Vas a cenar o no?

ANÁS   (*Tras dar un golpe en la mesa.*) Cuando cambie la cerradura, se acabó.

AMELIA   Todo ha sido muy rápido, Anás.

ANÁS   Lo ha destruido todo. Un descerebrado. Eso es lo que es. Es incapaz de reconocer el destrozo que ha hecho.

AMELIA   Es nuestro hijo.

ANÁS   Él no piensa en el suyo.

     (*Entra* EDUARDO. *Solo* AMELIA *advierte su presencia.*

AMELIA   Él lo llama todos los días, pero Asier no le coge el teléfono. ¿Qué más puede hacer? Silvia tampoco colabora.

ANÁS   No me vengas con esas. Es tu hijo el que no mueve un dedo.

AMELIA   (*Mira a su hijo.*) Ya te he dicho que él lo llama todos los días. Doy fe.

ANÁS   Eres una ilusa.

EDUARDO   Mamá, ¿tienes una aspirina? (ANÁS *mira de reojo a* EDUARDO *algo sorprendido.* AMELIA *abre el cajón del aparador, saca su pastillero y le da una pastilla.* Eduardo *se la toma con un vaso de agua y le sonríe.)* Buenas noches, mamá.

(Sale. Silencio.)

Amelia   Lleva con dolor de cabeza toda la semana.

Anás   No será de pensar. (Amelia *le vuelve a besar la coronilla.* Anás *repite el gesto de antes con mayor brusquedad y se levanta.)* Me voy a la cama. Mañana quiero subir otra vez al cerro.

Amelia   Claro que sí. Estás hecho un chaval.

Anás   Podrías acompañarme.

Amelia   *(Abatida.)* Yo lo que quiero es dormir.

Anás   *(Sin oírla.)* Todos los días aquí encerrada, a oscuras, en silencio, dándole vueltas a lo mismo, rezando. A veces das miedo.

Amelia   *(Con humor.)* No digas tonterías.

Anás   Un día te voy a encontrar aquí sentada creyendo que estás dormida y /

Amelia   Anda, calla. Mi corazón solo está un poco agitado. Cuando pase todo esto, se calmará. Vamos a dormir que ya es hora. (Anás *se encamina hacia la salida y* Amelia *lo detiene con delicadeza.)* Mañana, cuando estés en la cima, respira hondo. (ANÁS *la mira fijamente.*) Y no pienses más en ese cuarto. Eso ya pasó. Ahora estás bien.

ANÁS   No hasta que se vaya. El intruso ha infectado mi hogar.

(ANÁS *sale y lo sigue* AMELIA.)

Oscuro.

Episodio 2

Parque. ASIER *lee un cómic sentado en el banco. Entra* IZAN, *se sienta a su lado y lo mira fijamente.*

ASIER Tú eres Izan. Te veo en el patio todos los días. Siempre estás con un libro. (IZAN *sonríe.*) Yo prefiero los cómics. (IZAN *sonríe.*) Una vez coincidimos. Cuando tu clase y la mía fueron juntas al museo. Odio los museos. Prefiero los cómics. (*Ríen cómplices.*) Uno de tu clase robó en la tienda del museo y tuvo que venir la policía. Después lo fue contando por el instituto, como una gracia. A él todo le hace gracia. Se llama Sergio. (*Pausa breve.*) Últimamente le ha dado por mí. Como en las películas. A mí no me gustan esas películas, porque cogen ideas para hacernos la vida imposible. (*Pausa breve.*) Cada vez me hace cosas peores. (*Pausa breve.*) Ayer en el comedor me dijo al oído, «mira rarito, como grites, prepárate para la siguiente, porque lo mismo ni la cuentas». Y me clavó el tenedor en la espalda. Ahora soy yo el que clavo el tenedor en mi propia carne. A ver si me toman en serio de una vez.

(IZAN *le da un beso en la mejilla.*)

Oscuro.

Proyección 1

ABRE DE BLANCO A

>(Música: *With drooping wings* de *Dido y Eneas*.
>Henry Purcell. Duración: 2 minutos).

CARTEL SOBRE BLANCO:
>*Death is now a welcome guest.*

EXT. ERIAL. ATARDECER.
>Vemos a Asier corriendo despavorido hacia la
>cámara.
>La imagen de Asier se queda congelada.

FUNDIDO EN BLANCO.

FIN MÚSICA.

Episodio 3

Comedor 2. ASIER *lee un cómic sentado en el sofá. Unos segundos. Entra* SILVIA.

SILVIA   Deja eso y prepara la mochila para mañana. (ASIER *la mira por un instante y sigue leyendo.*) Has tenido toda la tarde para hacerlo y mira las horas que son. (ASIER *la mira por un instante y sigue leyendo.*) ¿Cuántas veces te lo tengo que decir?

ASIER   (*Lentamente.*) Me duele el estómago.

SILVIA   Asier, mañana tienes dos exámenes. ¿Quieres repetir curso otra vez?

ASIER   Hazme un justificante.

SILVIA   ¿Otro? (ASIER *siente dolor en el brazo.*) Mañana te hacen otra radiografía. A ver que nos dicen esta vez. Mira que caerse por las escaleras por llevar los cordones desabrochados. Increíble de verdad. No gano para sustos contigo.

ASIER   Tampoco es para tanto.

SILVIA   ¿Cómo que no?

ASIER   (*Violento.*) ¡Tampoco es para tanto, joder!

SILVIA   ¡A mí no me hables así!

ASIER   ¡Y a mí no me grites! ¿Por qué no le gritabas así a mi padre?

SILVIA   ¿A qué viene eso ahora?

ASIER   Porque nunca te has atrevido. Por eso él /

SILVIA   Asier, no vayas por ahí.

ASIER   Por eso él ha hecho lo que ha hecho.

SILVIA   ¡Para!

ASIER   Y tú, callada, callada, callada, callada. Pero a mí sí que me gritas.

SILVIA   ¡Para he dicho!

ASIER   Con él no te atreves.

SILVIA   ¿Cómo que no?

ASIER   ¡Conmigo sí!

SILVIA   ¡Calla!

ASIER   ¡Conmigo sí!

SILVIA   ¡Cállate!

ASIER   ¡Y con él, no!

SILVIA   A mí también me han hecho daño. De repen-
         te. Como a ti.

ASIER   Pues no se te nota.

SILVIA   ¿Me derrumbo como tú? ¿Es esa la solución?
         (*Silencio.* ASIER *la mira fijamente.*) Perdóname.

         (*Silencio.* ASIER *igual.*)

ASIER   No va a volver.

SILVIA   ¿Y por qué estás tan seguro? Conozco a al-
         guien que le pasó lo mismo y cuando se recu-
         peró, volvió.

ASIER   Recuperarse, ¿de qué?

SILVIA   (*Para sí.*) Una racha. Seguramente será una
         racha. Volverá.

ASIER   No va a volver. Él ahora es feliz.

SILVIA   ¿Qué sabrás tú?

ASIER   (*Vuelve a la lectura.*) Tienes razón. ¿Qué sa-
         bré yo?

         (*Silencio.*)

SILVIA   Podrías cogerle el teléfono.

ASIER   No me da la gana.

SILVIA   Asier.

ASIER   No-me-da-la gana.

SILVIA   Es tu padre.

ASIER   Él es un valiente /

SILVIA   ¿Un valiente?

ASIER   Pero tú... (*Se levanta y le susurra al oído.*) tú-
             eres-una-cobarde. (SILVIA *le da una bofetada.*
             ASIER, *desafiante, llorando, le muestra la otra*
             mejilla.) Venga, dame. Dame otra más, dáme-
             la con todas tus fuerzas. A ver si te partes los
             dedos. Vamos, valiente. Si estás deseando. Por-
             que eso es lo que quieres, ¿verdad? Pegarme
             una y otra vez, una y otra vez, una y otra vez,
             una y otra vez. ¡Eso es lo que quieres! ¿No?
             Pues aquí me tienes. ¡Adelante! Y tranquila.
             Porque me voy a quedar quieto, para que te
             puedas despachar a gusto. Y siempre me que-
             do quieto. Porque si reacciono, me das el do-
             ble. Porque si me quejo, me das el triple. Por-
             que si te denuncio, Sergio, me partirás el otro
             brazo. ¿A qué sí? Venga, pégame en la nariz,
             Sergio. Sí, aquí, justo aquí. Si me pegas en la
             nariz, verás mi sangre. Porque eso es lo que
             quieres, ver mi sangre, ¿a que sí, Sergio? Pues
             adelante. Párteme la nariz. Pártemela. Si lo es-
             tás deseando. Lo veo en tu mirada. Tu mirada

de asesino, tu mirada de asesino buscando a su presa. Yo soy tu presa, Sergio. Vamos, ven a por mí. Tu presa te está esperando. Tu presa está indefensa. Estoy donde siempre, escondido en los servicios. Ya lo sabes. Ya lo sabéis tú y tus amigos. Porque eso es lo que te gusta, ¿a que sí, Sergio? Arriconarme en los servicios y darme cabezazos contra la pared. Te gusta bajarte la cremallera y meterla en mi boca, y reírte, y que los demás se rían de mí mientras lo haces. Y si cierro la boca, ya sé lo que me espera cuando suene el timbre, más sangre, mucha más sangre. Cuando todos se vayan, cuando la calle se quede vacía, cuando la gente haga la vista gorda porque se piensa que es cosa de críos, ahí me tendrás, Sergio, tú y tus hienas, ahí tendréis al rarito, listo para la ejecución. Y entonces llegará la hora de salir corriendo y de meterme los algodones en la nariz hasta que me lleguen al cerebro; y me voy directo al parque, y me siento en el banco, y le espero, le espero a él para que me coja la mano y me abrace, porque a él no le importa que mi sangre le manche la ropa, y me besa. No son los besos que yo quiero, pero son los únicos besos que tengo ahora mismo. Pero no son suficientes. Yo le hago creer que sí, pero no. Sus besos no me curan el dolor, sus besos no me ayudan a dormir, sus besos no me quitan los cristales que me estallan en el estómago; sus besos no pueden llevarse el ancla que tengo atada a los pies. Que sepas que un día me hundiré en el fondo del mar. Así os hago un favor a todos. Empezando por ti, mamá. (SILVIA *se acerca a* ASIER *con intención de abrazarlo y este la empuja con violencia.*) Porque sus besos no me quitan el asco que tengo en la boca; el asco a todo, el asco a ti, el asco a mí, el asco a la vida, mamá. Así que dame todas las órdenes que quieras porque para eso estoy aquí. Soy un felpudo. Un felpudo al que todos podéis pisar. Pero por poco tiempo. Mientras tanto, písame, Sergio, písame hasta que se te partan tus huesos de asesino. ¿Por qué disfrutas cuando sangro, Sergio? ¿Por qué?

SILVIA   (*Sin aire.*) Pérdoname por lo de antes.

ASIER   (*Ríen.*) ¿Perdóname dices? ¿En serio? Soy yo el que tiene que pedirte perdón. ¡Yo soy el que tiene que pedirte perdón! ¡Yo soy tu criada! ¿No ves que me pongo de rodillas mientras tú me ordenas y me pisas?

SILVIA   Para, Asier, por favor.

ASIER   Ya lo tengo asimilado. No, no lo tengo asimilado. O sí. Sí lo tengo asimilado. Soy un felpudo. Písame, pisadme todos. Aquí estoy. Que vuestros caballos me rompan los huesos y me hagan sangre, mucha sangre.

SILVIA   (*Cada vez más asustada.*) Asier...

ASIER ¿Asier? ¿Quién es ese Asier? ¿Quién es ese rarito? ¿Quién es ese imbécil muerto de miedo? ¿Por qué a Asier le hacen sangre un día sí y el otro también? ¿Qué pinta Asier en este mundo? Para estar así mejor no estar. Si no me hubieras parido, mamá, yo no estaría sufriendo así. (*Pausa breve, se acerca a* SILVIA, *intimidándola casi.*) ¿Por qué lo has permitido? ¿Por qué has permitido que papá se vaya?

SILVIA Yo no /

ASIER Papá se ha ido para ser feliz. Y que te quede claro: (*Muy lentamente.*) No va a volver.

SILVIA ¡Volverá! ¡Es solo una racha!

ASIER No, no es un racha, mamá. Ahora él es feliz, muy feliz. Y no está solo.

SILVIA ¿Qué sabrás tú?

ASIER (*Tras una pausa breve.*) Aquí nos hemos quedado tú y yo. Pero tú y yo nunca seremos felices. ¿Y sabes por qué? Porque nos gusta servir. Eso es. Porque eso es lo que somos tú y yo: dos putas sirvientas.

SILVIA ¡Asier!

(ASIER *sube a su dormitorio, se sienta en la cama y se agarra el brazo por el dolor.* SILVIA *se sienta en el sofá. Unos segundos.* SILVIA *se dispone a prepararle la mochila, y, al abrirla, descubre un cuchillo.)*

Oscuro.

Episodio 4

Parque. Asier *e* Izan *sentados en el banco.* Asier *lleva el brazo escayolado.* Izan *le coge la mano y se la acaricia.* Asier *saca un bolígrafo de la mochila y se lo da a* Izan.

Asier   Escribe lo que se te ocurra. (Izan *escribe algo en la escayola.* Asier *lo lee en silencio. Sonríen. Oscuro. Unos segundos. Recorte solo sobre el rostro de* Asier.)
Me tuve que subir a un árbol.
Era la primera vez que lo hacía y se me dio
                [fatal. Como todo.
Yo no quería volver a casa sangrando otra vez
                [por la nariz.
Mi madre ya no se iba a creer que era por los
                [nervios.
Mi madre no entiende nada.
Mi padre, sí.
Mi padre es diferente.
Él y yo nos mirábamos y nos entendíamos.
Pero mi padre ya no está.
En su lugar hay un pozo.
Yo me asomo y grito su nombre.

Pero en el pozo solo hay escombros.
Los que él me ha dejado.

Pero no puedo evitar soñar con él.
Siempre es el mismo sueño.
Él está comiendo manzanas y me habla, pero
                           [yo no quiero hablar.
Con mi madre tampoco quiero hablar.
Solo hablo con Izan.
Él me calma.
Su mirada me calma.
Él es silencio.
Y yo ahora solo pido silencio.
Demasiado ruido dentro y fuera de mí.

(Silencio.)

Estuve subido en el árbol una hora por lo
                                [menos.
Me tiraban piedras. De todos los tamaños.
Las iban arrancando de las aceras.
Antes por lo menos se reían.
Pero la risa dio paso a gritos de guerra.

(Silencio.)

Me tendría que haber caído de cabeza.
Se habrían muerto de miedo.
Muerto ya no se tiene miedo.
Se tiene miedo al morir.
Yo no.

(Luz.)

Me dijeron que luego iban a ir a por ti, Izan.
Que éramos iguales. Que nos merecíamos lo

mismo. No llores, Izan. (ASIER *le da una pulsera.*) Es un regalo. (IZAN *le da un abrazo.*) No te va a pasar nada. Tengo una idea. (ASIER *saca un cuchillo de la mochila.*) De esta semana no pasa.

Oscuro.

Proyección 2

ABRE DE BLANCO A

(Música: *With drooping wings*).

CARTEL SOBRE BLANCO: *Death is now a welcome guest.*

EXT. ERIAL. ATARDECER.
Vemos a IZAN corriendo despavorido hacia la cámara.
La imagen de IZAN se queda congelada.

FUNDIDO EN BLANCO.

FIN MÚSICA.

Episodio 5

Comedor 1. Penumbra. Entra EDUARDO *y se sienta en una de las sillas. Unos segundos. Entra* ANÁS, *coge una manzana y se la come dando sonoros mordiscos.*

ANÁS Me has despertado.

EDUARDO Lo siento.

ANÁS Me has despertado con tanto grito.

EDUARDO Las pesadillas me despiertan.

ANÁS Me has despertado con tus pesadillas.

EDUARDO Ya te he dicho que lo siento.

ANÁS Controla el tono conmigo.

EDUARDO *(Que intenta responder otra cosa para terminar diciendo.)* Está bien, está bien.

ANÁS No. No está bien. *(*EDUARDO *muestra un gesto de desesperación contenida.)* ¿Ves como no te controlas?

EDUARDO   *(Igual.)* Pero si /

ANÁS   Tus impulsos. (EDUARDO *mira a* ANÁS *con dureza.*) Tus impulsos nos han llevado a esto.

EDUARDO   ¿A qué?

ANÁS   ¿Todavía necesitas oírlo de mi boca?

EDUARDO   Necesito saber cuál es el crimen.

ANÁS   *(Con sorna).* El criminal quiere saber qué crimen ha cometido. (EDUARDO *muestra otro gesto de desesperación contenida.*) Recuerda que estás bajo mi techo. (EDUARDO *se levanta.*) Siéntate. (EDUARDO *se queda quieto.*) ¡Siéntate! (EDUARDO *se sienta, lentamente.*) ¿Sabes qué hora es?

EDUARDO   No, no sé qué hora es.

ANÁS   ¿No te importa?

EDUARDO   Quiero decir que no miro la hora cuando me desvelo, eso es lo que quiero /

ANÁS   Hora de que te vayas.

EDUARDO   *(Evitando la mirada de* ANÁS.*)* No tardaré mucho.

ANÁS   Mejor.

EDUARDO   Sí. Mejor.

ANÁS   No hagas ruido al irte. (EDUARDO *niega y se levanta.*) Cambiaré la cerradura en cuanto /

EDUARDO   ¿Puedo pedirte algo?

ANÁS   No hay más dinero.

EDUARDO   Que mamá siga sin saber nada. No querría yo que en su estado /

ANÁS   ¿Ahora te preocupa su estado?

EDUARDO   El tuyo también.

ANÁS   No trates de impresionarme. (EDUARDO *muestra de nuevo un gesto de desesperación contenida.* ANÁS *se le acerca lentamente.*) Tu madre seguirá pensando que estás con una ramera y yo seguiré pensando que estás con un puto.

    (EDUARDO *ríe brevemente y niega nervioso.* ANÁS *levanta la mano con intención de darle una bofetada.* EDUARDO *se protege.* ANÁS *se retira.*)

EDUARDO   Necesito decirte algo, pero puede que /

ANÁS   Seguro que me vas a levantar el estómago.

EDUARDO   (*Hace un esfuerzo para pronunciar cada palabra.*) Yo con él soy feliz.

ANÁS   (*Tras escupir al suelo.*) Me das asco.

EDUARDO   Todos hemos dado asco en algún momento de
              nuestra vida.

ANÁS   Cierto. (EDUARDO *lo mira sorprendido.*) Unos
              más que otros.

EDUARDO   Para ti, yo soy de los que más, ¿no?

ANÁS   No se me quita de la cabeza el bautizo de tu
              hijo. Tu mujer bebió más de la cuenta y habló
              más de la cuenta. Yo que pensaba que podía
              ser cosa mía. Me refiero a la náusea que sen-
              tí cuando te descubrí. Desde aquel momento
              tengo la cabeza llena de vómito. (*Pausa bre-
              ve.*) ¿Entiendes ahora por qué no quiero que
              me hables del puto ese con el que estás? Por-
              que la náusea se expandirá más aún.

EDUARDO   No se me quieta de la cabeza el bautizo de tu
              nieto. Había una mujer allí que también be-
              bió más de la cuenta y que también habló más
              de la cuenta. Yo pensaba que podía ser cosa
              mía. Me refiero a esa náusea que sentí cuan-
              do te descubrí, cuando lo descubrí todo. (ANÁS
              inicia el mutis.) Mi náusea también se expan-
              día cada vez que ella llamaba aquí por teléfo-
              no, como si nada. Desde ese momento tam-
              bién tengo la cabeza llena de vómito. (*Pausa
              breve.*) ¿Entiendes ahora por qué me da asco
              hablar de la puta con la que estabas? (ANÁS *se
              detiene.*) Te llevabas el dinero de aquí para que

a ella no le faltara de nada. Lucía se llamaba, ¿verdad? Sí, Lucía. Y mientras, mi madre cosía día y noche porque tú le decías que hacía falta dinero, que el negocio iba mal. Una amiga de la empresa, Lucía. Mi madre que no paraba de coser, de coser y de callar. Tú solo pensabas en ti y por eso la invitaste al bautizo de mi hijo.

ANÁS   Literatura.

EDUARDO   Todos hemos dado asco en algún momento de nuestra vida. Estamos de acuerdo.

ANÁS   (*Tras lanzar la manzana contra el suelo habla lentamente.*) Literatura.

EDUARDO   Llámalo como quieras.

ANÁS   Hemos vivido y seguimos viviendo en una auténtica locura.

EDUARDO   (*Rie.*) La locura es un miembro más de esta familia. Al principio era como una intrusa, pero ahora ya la hemos aceptado. Es una más que se sienta a la mesa con nosotros. Incluso la queremos. Tú más que nadie.

ANÁS   (*Inicia el mutis. Para sí.*) No hagas ruido al irte.

              (ANÁS *sale.* EDUARDO *se echa sobre la mesa y, al cabo de unos segundos, se queda dormido. Luz de candilejas. Aparece* ASIER *en el Comedor 2 y*

*atraviesa el parque hasta llegar al Comedor 1.
Coge una manzana.* EDUARDO *se despierta.*)

EDUARDO   Asier. Necesito verte, pero no así. Necesito
verte para contarte que yo... (ASIER *niega con
la cabeza.*) Tienes razón. Mejor cuéntame tú.
¿Cómo es tu día a día? ¿Y tus noches? ¿Las
pasas en vela como yo? ¿Qué te da más miedo? ¿Despertar o dormir? Yo sí te creo. Cuéntame. (ASIER *quieto.* EDUARDO *cierra los ojos.*)

Cuando solo queda la locura,
la muerte siempre es bienvenida.
En esta casa somos como aquellos pájaros que
                        [partirán antes de tiempo.
Saldremos de uno en uno,
buscando un lugar donde el ruido no llegue,
desde un silencio que dure para siempre[1].

---

[1] Las palabras de EDUARDO están inspiradas tanto en el verso de *Dido
y Eneas* «Death is now a welcome guest» como en el poema de Emily
Dickinson «Hay algo más tranquilo aún que el sueño / en esta habitación de dentro. Una ramita lleva sobre el pecho / — y no dirá
su nombre. / Hay quien lo toca, y quien lo besa / — hay quien
aprieta su mano impasible — / Posee una sencilla gravedad / que
me resulta incomprensible. / No lloraría yo si fuera ellos / — ¡Es
de maleducados sollozar! / Podrían asustar a la serena hada, / hacer que vuelva a su bosque natal. / Mientras las gentes de corazón
simple / hablan de «Prematuros muertos» / — nosotros — que apre-
ciamos la perífrasis, / decimos que los Pájaros partieron». *Poesías
completas.* Tomo 1. Editorial: Visor Libros, 2015.

(ASIER *sale. Desaparece la luz de las candilejas y vuelve la penumbra. Entra* AMELIA. EDUARDO *con los ojos aún cerrados.*)

En sueños la voz de uno es distinta, como más
[limpia.
En sueños mi voz es la voz que siempre ha
[querido ser.

AMELIA   (*Consternada.*) ¿No te hace efecto la aspirina, hijo? (EDUARDO *niega.*) ¿Te has quedado con hambre? Hay manzanas de sobra. Coge las que quieras. (EDUARDO *niega mientras llora.*) Trata de descansar. Mañana tienes que conducir.

(EDUARDO *asiente.* AMELIA *sale.*)

Oscuro.

Episodio 6

Comedor 1. AMELIA *al teléfono.*

AMELIA   No, no te voy a preguntar por el instituto, tran-
             quilo. / No digas palabrotas, Asier, por favor.
             / ¿Te espero mañana entonces para comer? /
             No, él no va a estar. Te lo prometo. / No es
             ninguna trampa / (*Al oír el sonido de una puer-
             ta que se abre y se cierra, se pone nerviosa y baja
             el volumen de la voz. Entra* ANÁS.) ¿Vas a ve-
             nir mañana? / (*Para sí.*) Se ha cortado.

             (*Cuelga.*)

ANÁS   (*Tras haberse sentado.*) ¿Quién viene mañana?

AMELIA   Tu nieto.

ANÁS   Me pone nervioso.

AMELIA   ¿Estás bien?

             (ANÁS *da un golpe en la mesa.*

ANÁS   ¿Cuántas veces me lo preguntas al día? Me en-
             cerraron por no estar bien y me soltaron no
             sé por qué. No, no estoy bien. No lo estoy.

Pareces ciega, o sorda. No estaba bien antes y sigo sin estarlo ahora. Pero tú sigues con la pregunta, como una espiral.

AMELIA   ¿Por qué no vuelves a esos paseos? Dijiste que te sentaban bien.

ANÁS   Te mentí.

AMELIA   Voy a preparar la cena. ¿Tienes hambre? ¿Qué te apetece?

ANÁS   *(Tras dar otro golpe en la mesa.)* Sigues con la espiral.

AMELIA   Seguro que si te preparo algo, te lo zampas en un santiamén. Hoy es de esos días. Pasará.

ANÁS   Hoy es de esos días en los que quiero que estés callada.

AMELIA   Siempre lo estoy.

ANÁS   Más. Que yo no te oiga respirar.

AMELIA   Ya solo me queda desaparecer.

ANÁS   Hazlo. O lo haré yo.

AMELIA   ¿Quién está ahora en la espiral?

(AMELIA *inicia el mutis pero las siguientes palabras de* ANÁS *la detienen.)*

ANÁS   Hoy me he sentado en un banco del parque y me he acordado de cuando estuviste a punto de dejarme.

AMELIA   No lo hice.

ANÁS   No lo hiciste.

AMELIA   No. No lo hice.

ANÁS   Te lo puse en bandeja.

AMELIA   Agua pasada /

ANÁS   Tú y tus refranes. Siempre lo solucionas todo con un jodido refrán.

AMELIA   No lo hice por Eduardo.

ANÁS   ¿Y te arrepientes? (AMELIA *niega.*) Sí. Sí que te arrepientes. Lo veo en tu cara. A ti no se te da bien mirar para otro lado. No soportas verme todos los días. Te molesta hasta mi sombra.

AMELIA   Y tus gritos.

ANÁS   Eso es. Oír mis gritos sin venir a cuento. ¿Verdad que sí?

AMELIA   Y tus avenates.

ANÁS   ¿Mis avenates? Seguro que hay algo peor. Y seguro que me lo vas a decir.

AMELIA   Tu odio.

ANÁS   No es odio. Es inercia.

AMELIA   A lo mío también se le puede llamar inercia.

ANÁS   Lo tuyo es otra cosa.

AMELIA   Asco.

ANÁS   Ahí coincidimos.

AMELIA   Ahí coincidimos.

ANÁS   Ella o tú.

AMELIA   Ella o yo. Lo de siempre. Nada nuevo bajo el sol.

ANÁS   Otro jodido refrán.

AMELIA   La inercia. No más.

ANÁS   La inercia me llevó a sus brazos. Vivir con ella se convirtió en algo extraordinario.

AMELIA   Pero te quedaste aquí.

ANÁS   En tu espiral. Me atrapaste en tu espiral.

AMELIA   Te quedaste atrapado en tu cobardía, Anás. Pero no te lo reprocho. Yo también me quedé aquí. Rezo cada noche por encontrar la respuesta.

ANÁS   No necesitas rezar. Tú siempre tienes respuestas para todo.

AMELIA   Me moriré sin haberme respondido.

ANÁS   Hay dos tipos de individuos: los que aguantan al ancla y los que no.

AMELIA   ¿Y tú cuál eres de los dos?

ANÁS   Con ella yo habría sido más feliz y tú también, pero te quedaste en esta orilla, asfixiándote, como una triste ballena. Así que, ya ves, soy igual que tú.

AMELIA   ¿Y por qué todo esto?

ANÁS   (*Tras una pausa breve.*) Me moriré sin haberme respondido.

AMELIA   Está nuestro hijo. Él es mi ancla.

ANÁS   Él vive infectado por ser nosotros como somos.

AMELIA   Él es diferente a ti y a mí. Él se ha propuesto ser feliz.

ANÁS   No podrá si sigue con un pie en esta casa. Está condenado a aguantar al ancla. Y si no, al tiempo.

AMELIA   No sé si es por falta de fuerzas o porque ya no me queda más remedio que aceptar que no hay nada que hacer. Por algo que aún no sé, elegí quedarme en esta orilla como tú la llamas. Un día me quedaré sin aire y volveré a ser libre.

ANÁS   Ese día lo puedes decidir cuando quieras.

AMELIA   No soy como tú.

ANÁS   No estés tan segura.

AMELIA   Mi hijo y mi nieto me necesitan.

ANÁS   Tu hijo bebe los vientos por una ramera y tu nieto terminará encerrado como yo. Ese chaval mira como un lobo y vive como un cordero.

AMELIA   ¡Cállate!

ANÁS   *(Tras una pausa breve, feliz.)* Por fin me gritas.

AMELIA   Me sonsacas.

ANÁS   Me alegro.

AMELIA   ¡Que tú vivas en la oscuridad no significa que los demás no puedan luchar para salir de ella!

ANÁS   Tu nieto es un enfermo.

AMELIA   *(Para sí.)* Que tú vivas en la oscuridad no significa que los demás no puedan luchar para salir de ella.

ANÁS   Carne de cañón. Como todos nosotros.

AMELIA   (*Sin aire*). Que tú vivas en la oscuridad no sig-
          nifica que los demás no puedan luchar para
          salir de ella.

ANÁS   Antes o después /

AMELIA   ¿Puedes dejar que piense que hay alguna po-
          sibilidad? ¿Una tan solo adonde poder aga-
          rrarme y así vivir por algo?

ANÁS   Sabes vivir agarrada a una mentira. No te será
          difícil.

AMELIA   Si en esta casa se ha mentido es para sobrevi-
          virte a ti, Anás.

ANÁS   Quiero decirte algo. (AMELIA *lo mira.*) Tu hijo...

AMELIA   Dímelo.

ANÁS   Necesitas escucharlo, ¿verdad?

AMELIA   (*Algo airada.*) ¿Crees que necesito escuchar-
          lo a estas alturas?

ANÁS   Habla tú entonces.

AMELIA   No. Dímelo tú.

ANÁS   No eres capaz de decirlo en voz alta.

AMELIA   ¡Eres tú el que no eres capaz de decirlo en voz alta!

ANÁS   ¿Sabes lo qué es tu hijo?

AMELIA   *(Tras tomar aire, pausadamente.)* Sí.

ANÁS   Dímelo entonces.

AMELIA   Mi hijo es todo lo opuesto a ti.

(ANÁS sonríe y asiente.)

ANÁS   No me prepares nada de cenar. Tómate la noche libre.

(Sale. AMELIA se sienta temblando. Unos segundos. Suena el teléfono. Desganada, se levanta y descuelga.

AMELIA   Sí. / *(Ilusionada de repente.)* Estupendo. / Aquí te espero, cariño. / Sí, claro. Tu comida favorita. Para eso soy tu abuela. / Un beso, Asier.

Oscuro.

Proyección 3

ABRE DE BLANCO A:

(Música: *With drooping wings*).

CARTEL SOBRE BLANCO: *Death is now a welcome guest.*

EXT. ERIAL. ATARDECER.
Vemos a AMELIA corriendo despavorida hacia la cámara.
La imagen de AMELIA se queda congelada.

FUNDIDO EN BLANCO.

FIN MÚSICA.

Episodio 7

Parque. Oscuro. Asier *sentado en el banco. Recorte sobre su rostro.*

ASIER Yo me esfuerzo por vivir.
Pero, ¿y la vida?
¿Por qué no mueve un solo músculo por mí?

(Oscuro durante unos segundos. Luz. Vemos a Izan *sentado a su lado.* Asier *lleva la nariz taponada con un algodón.* Izan *le coge la mano y se la acaricia.)*

¿Y si un día Sergio me golpea la cabeza contra una piedra? ¿Qué crees tú que pasaría? No, Izan, no me mires así. Yo sí sé lo que pasaría. Lo llevarían preso y se pudriría en una cárcel. Para siempre. (Izan *niega lentamente.)* Tienes razón. No sería para siempre. La ley no está de mi parte. Él nunca sabrá lo que es que el corazón se te salga por la boca cuando llega el recreo, o cuando llega el domingo y tienes que preparar la mochila. (Asier *saca un cómic de su mochila y se lo da a* Izan.) Para que te acuerdes de mí. (Izan *lo mira extrañado. Sonriendo.)* Me dijiste que era tu favorito. (Izan *le coge la mano.)* Ya está todo preparado.

(IZAN *lo abraza.*)

Oscuro.

Episodio 8

Comedor 1. Penumbra. Suena When I am laid in earth *de Purcell en el tocadiscos.* ANÁS *está sentado medio desnudo de espaldas al público. En el suelo hay varias manzanas mordisqueadas. Hay un cuchillo sobre la mesa. Las manos y los brazos de* ANÁS *están cubiertos de sangre.* ANÁS *coge una manzana del frutero, le da un mordisco y la tira contra el suelo, y así una tras otra. Silencio. Entra* AMELIA. *Viene entretenida inspeccionando el bolsillo de un pantalón, ajena a lo que está haciendo* ANÁS.

AMELIA   (*Para sí.*) Lo mismo lo llevo a arreglar que lo mismo no. Porque a esto, Anás, mucha solución no le veo. Y tampoco va a quedar como Dios manda. Total. Para lo que vale hoy en día un pantalón... Esto se hacía antes, lo de remendar y remendar. Aunque pantalones como este ya no se hacen, la verdad sea dicha. Pero sí. Lo llevaré a arreglar... Yo ya no veo bien...

(AMELIA *interrumpe su discurso al descubrir a* ANÁS *en su estado. Así que deja el pantalón sobre una de las dos sillas, se acerca a* ANÁS *temerosa y le pone una mano en el hombro.* ANÁS *deja de comer manzanas y se gira.* AMELIA *se aleja de él tapándose la boca con las manos tratando de evitar el grito.)*

ANÁS   *(Natural siempre, se levanta y quita el vinilo del tocadiscos.)* El canalla de tu hijo lo ha destruido todo. *(Pausa breve.)* Has parido a un hijo defectuoso.

AMELIA   ¿Dónde está Eduardo?

ANÁS   *(Tras una pausa breve.)* Lo acabo de amortajar.

AMELIA   ¡Anás!

ANÁS   *(Sonriendo.)* ¿Realmente era hijo mío?

(AMELIA reacciona y le golpea sin fuerzas mientras llora. ANÁS apenas se defiende. AMELIA busca una silla y se sienta con dificultad. ANÁS coge otra manzana y se la va comiendo. Silencio.)

AMELIA   *(Apenas audible, sin aire.)* Otra vez lo has hecho. *(ANÁS la mira y tira la manzana medio mordida contra el suelo.)* Otra vez me has vuelto a asustar.

ANÁS   Llama y di que vengan a por mí.

AMELIA   *(Feroz.)* ¡Ni una palabra más, por lo que más quieras!

ANÁS   Llama y di que vengan a por mí. *(Aturdida, AMELIA se levanta y se dirige hacia la puerta sin* estabilidad. *Silencio.* ANÁS *se levanta y va hacia ella.*) ¿Por qué no me ayudas?

AMELIA   ¿Más? (*Casi sin voz.*) No puedo.

ANÁS   (*Coge el cuchillo y señala a* AMELIA *con él.*) ¿Dónde está mi nodriza para que me acune?

(AMELIA *antes de salir se gira y le responde con una media sonrisa.*)

AMELIA   (*Valiente.*) Quieres que te encierren de nuevo. Es eso lo que quieres, ¿verdad?

ANÁS   (*Acercando el cuchillo al cuello de la mujer.*) Sácame de aquí.

AMELIA   ¿Y por qué no haces como yo?

ANÁS   ¿Como si nada? (AMELIA *asiente.*) Siempre de perfil.

AMELIA   Cada uno reacciona como puede. (ANÁS *deja el cuchillo sobre la mesa y coge el pantalón.* AMELIA *respira profundamente.*) Yo misma te lo arreglaré. No te preocupes.

ANÁS   (*Tras tirar el pantalón contra el suelo, grave.*) Llama y di que vengan a por mí.

AMELIA   No sé quién me pesa más de los tres. Si un hijo que se hunde porque busca su felicidad, mi nieto que ya se ha hundido por no haberla encontrado, o tú que te niegas a buscarla mientras disfrutas hudiéndome a mí.

ANÁS   No me des lecciones, tú, que ni siquiera te lo has propuesto.

AMELIA   *(Rota.)* Qué sabrás tú.

ANÁS   *(Sonriendo.)* No te cansas de engañarte.

AMELIA   Gracias a ese defecto no nos hemos hundido antes. (ANÁS *la mira.*) ¿Te has quedado sin palabras? (ANÁS *se encoge de hombros.*) ¿No sabes? (ANÁS *lo repite.*) Está bien. Me ha quedado claro.

ANÁS   Eduardo, ¿es mi hijo? (AMELIA *asiente.*) No lo creo. (AMELIA *se encoge de hombros.*) Tú nunca quisiste tener más.

AMELIA   No inventes. No es justo.

ANÁS   ¿Por qué no me engañaste? Eso sí habría sido justo.

AMELIA   No se me daba tan bien como a ti.

ANÁS   Otro hijo nos habría salvado.

AMELIA   Dejemos el mundo como está.

ANÁS   No quiero seguir en él.

AMELIA   (*Coge el cuchillo.*) ¿Y por qué no has seguido?

ANÁS   Hazlo.

AMELIA   ¿Tan fácil lo ves?

ANÁS   Hazlo, Amelia.

AMELIA   Hace años que no pronuncias mi nombre.

ANÁS   (*Llora.*) Hagámoslo juntos, por favor. Amelia...

AMELIA   Mi nombre ha vuelto a sonar aquí.

ANÁS   ¿Lo harás?

AMELIA   (*Deja el cuchillo sobre la mesa.*) Llamaré para que vengan a por ti.

(ANÁS *se encoge de hombros y sale. Unos segundos.* AMELIA *siente la punzada en el pecho. Abre el cajón del aparador, coge una pastilla de su pastillero, se sirve un vaso de agua y se la toma. Unos segundos. Recoge el pantalón, lo observa y lo tira contra el suelo. Se sienta, cierra los ojos y se va quedando dormida. Penumbra. Unos segundos. Sonríe. Parece como si no respirara.*)

En sueños la voz de una es distinta, como más
[limpia.
En sueños mi voz es la voz que siempre ha
[querido ser.

Es la voz en suspenso. Así es cómo yo la llamo.
En sueños mi voz le da alas a cada uno de mis
                    [pensamientos,
alas supremas que viajan a lugares donde
                    [reina el silencio.
Porque despierta me quedo muda,
mientras que dormida puedo hablar sin
                    [miedo al castigo.

Mi voz en suspenso me habla de él.
Mi voz me recuerda cuando yo aún me
        [estremecía por su presencia.
Recibirlo dentro de mí era como morder una
                    [manzana fresca;
esa dentellada se me clavaba bien profunda
y germinaba como ramos de estrellas.

Aquella primera cita, aquella primera
                [llamada, aquella primera promesa
fue de ensueño.
Aquella primera orden, aquella primera
                        [condena,
aquella primera injusticia me despertaron.

(*Suena* When I am laid in earth *de Henry Purcell.*)

La reina Dido...
Otra voz en suspenso.
Yo, al igual que ella, caí en sus brazos
                [mientras Eros jugaba conmigo.
Yo, al igual que ella, me sentí abandonada
                    [e incendié su memoria.

Yo, al igual que ella, cantaré.
Así olvidaréis mi destino tras la tormenta.

(Silencio. Entra ANÁS. *Se acerca a* AMELIA *asustado y trata de despertarla.* AMELIA *abre los ojos y sonríe sin mirarlo.)*

ANÁS Pensé que /

AMELIA No, aún no. Solo sueño, Anás, yo también sueño, como todo el mundo.

*(*AMELIA *vuelve a cerrar los ojos.)*

Oscuro.

Proyección 4

ABRE DE BLANCO A:

> (Música: *With drooping wings*).

CARTEL SOBRE BLANCO: *Death is now a welcome guest.*

EXT. ERIAL. ATARDECER.
> Vemos a ANÁS corriendo despavorido hacia la cámara.
> La imagen de ANÁS se queda congelada.

FUNDIDO EN BLANCO.

FIN MÚSICA.

Episodio 9

Comedor 1. AMELIA *sentada en un extremo de la mesa y* PABLO *en el otro.*

AMELIA   Ya te lo he dicho. No va a venir. Hoy tiene turno de noche.

PABLO   Pero me dijo que llegaba sobre esta hora.

AMELIA   Pues se habrá confundido.

PABLO   ¿Puedo esperarlo? A lo mejor /

AMELIA   *(Suplicante.)* Vete, por favor.

PABLO   Yo solo quería darle una sorpresa. Eduardo siempre viene a verme los fines de semana, por eso esta vez yo /

AMELIA   Escucha, Marcos /

PABLO   Pablo. Me llamo Pablo.

AMELIA   Pablo. Por el bien de todos será mejor que te marches. A mi marido no le gustan las visitas.

PABLO   ¿Él no lo sabe? (AMELIA *niega.*) Mis padres, sí. De hecho, mi padre era uno de los mejores amigos de Eduardo.

AMELIA   ¿Era?

PABLO   Sí. Era. Ahora ya no. Yo me entendía muy bien con él. Pero una noche yo estaba cenando con unos amigos en un restaurante y apareció de repente. Me insultó y me pegó delante de todos con todas sus fuerzas. Casi me parte la nariz. Luego me metió en el coche y me encerró en mi habitación. Gracias a mi madre no siguió con la paliza. Pero no le tengo miedo. Es más, me da lástima. Es lo que más le gusta a mi padre: hacer sangre.

AMELIA   Tal vez con el tiempo él y tú /

PABLO   No creo que sea cuestión de tiempo. Tendría que nacer de nuevo.

AMELIA   ¿Él o tú?

PABLO   (*Que ríe sin saber.*) Buena pregunta. Los dos en cualquier caso. (*Pausa breve.*) ¿Usted y su marido nunca han hablado de esto?

AMELIA   Mi marido no es como yo. Por eso no quiero que te vea aquí. No sé lo que es capaz de hacer.

PABLO   Eduardo me dijo que él sí sabía lo nuestro, que quien no lo sabía era usted. (AMELIA *sonríe.*) ¿Por qué se ríe?

AMELIA   Mi hijo nunca ha sido tan feliz como ahora que te ha conocido. Mejor dicho, cuando él se ha conocido. Yo lo sé todo sobre Eduardo. Desde que abrió los ojos y me lo pusieron sobre el vientre. Él no me veía, pero yo sí veía con claridad todo su interior. Es un código secreto que hay entre nosotras y vosotros y que los demás suelen tardar en descifrar.

PABLO   Él no quería decírselo, por aquello de /

(Se señala el corazón.)

AMELIA   *(Sonriendo.)* Aguantará lo que tenga que aguantar. Yo lo cuido, pero los demás, no. *(Grave.)* Escúchame, Pablo. El día a día de mi hijo era sobrevivir. Él solo quería hacer lo correcto, y por agradar, eligió lo incorrecto. Pero yo estaba segura de que, antes o después, terminaría quedándose con lo que él siempre había deseado. Piensan que yo no me doy cuenta, que soy una estúpida. Pero olvidan que yo me sé el código. Cuánto me hubiera gustado que mi hijo me hubiera dicho, mamá, a partir de ahora tengo que incendiarlo todo, porque es la única manera de sembrar donde antes no se podía; solo así puedo evitar una locura mayor.

Y yo le habría robado el fuego al mismísimo Zeus si hubiera hecho falta. (*Pausa breve.*) No te preocupes, Pablo. Yo no le contaré nada de lo que hemos hablado. Seguiremos con este silencio un poco más. Este silencio es el que evita desgracias mayores. (*Se levanta algo mareada.*) Ahora tienes que irte.

PABLO   ¿Se encuentra bien?

AMELIA   Solo necesito descansar. (PABLO *se levanta e inicia el mutis.*) Una pregunta. Si me la puedes contestar, claro. (PABLO *la mira algo amenazante.*) ¿Crees en lo que estás haciendo? (PABLO *la mira.*) Mi hijo es un inexperto. Pero, ¿y tú? ¿Tú realmente sabes lo que estás haciendo?

PABLO   (*Hosco.*) ¿Lo dice por mi edad?

AMELIA   (*Asiente.*) ¿Seguro que no está en tus ojos? (PABLO *la mira.*) Discúlpame. No debería haber entrado ahí. (PABLO *inicia el mutis.*) ¿Estás seguro entonces?

PABLO   (*Incómodo.*) Todo es cuestión de tiempo.

AMELIA   Claro que sí. Todo ha sido tan de repente. (*Sonido de puerta que se abre y se cierra. Ambos se impacientan. Unos segundos. Entra* ANÁS *y mira a* PABLO *de arriba abajo.*) Anás, él es Pablo. Se pensaba que éramos nosotros los que alquilábamos la habitación. Y ya le he dicho que no,

que es en el piso de arriba, donde los estudiantes.

ANÁS   (*A* PABLO.) Diles a esos cafres que la próxima
vez que hagan ruido le prendo fuego a la casa.

AMELIA   (*Riendo.*) No le hagas caso. Los estudiantes de
arriba son un encanto.

ANÁS   Mientes.

PABLO   Yo ya me voy.

ANÁS   Mejor.

AMELIA   Adiós, hijo. Y suerte con el alquiler.

(PABLO *sale.*)

ANÁS   No quiero a nadie aquí.

AMELIA   ¿Y qué hay de malo? Venía solo a preguntar.

ANÁS   Podría ser un impostor.

AMELIA   Solo ha sido una equivocación.

ANÁS   Algún día te darán una sorpresa y no lo vas a
contar.

AMELIA   Me gustan las sorpresas.

ANÁS   Me refiero a /

AMELIA   (*Amable.*) Anda, calla.

ANÁS   La próxima vez le meto fuego a la casa.

AMELIA   ¿Cenamos?

ANÁS   Yo me voy a acostar. Vengo mareado.

AMELIA   Yo también estoy mareada.

ANÁS   Siempre tienes que sufrir más que yo.

AMELIA   (*Disimulando, ahogada.*) ¿Has subido hoy a la cumbre?

            (ANÁS *la ignora y sale.* AMELIA *cierra los ojos.*)

            Oscuro.

Episodio 10

*Comedor 1. En el frutero quedan dos manza-
nas.* EDUARDO *y* AMELIA *sentados a la mesa.*
EDUARDO *está tomando una sopa y mira a* AME-
LIA *de vez en cuando. Silencio.* EDUARDO *termina de comer, se sirve agua y bebe.* AMELIA, *se
levanta, le retira el plato y sale. Silencio. Unos
segundos. Entra* AMELIA *y se vuelve a sentar.*
EDUARDO *coge una manzana y empieza a comérsela.*

EDUARDO   ¿Qué te ha dicho el médico?

AMELIA   ¿Qué médico?

EDUARDO   Has ido hoy, ¿no?

AMELIA   *(Huidiza.)* Sí, hoy.

EDUARDO   ¿Y qué tal las pruebas?

AMELIA   *(Algo inquieta.)* Bien, todo bien. *(Intenta ser
bromista.)* Hay cuerda para rato.

EDUARDO   Me alegro.

    (Pausa.)

AMELIA   ¿Vuelves el domingo o el lunes?

EDUARDO   (*Incómodo.*) Este fin de semana no voy.

AMELIA   ¿Y eso?

EDUARDO   (*Igual.*) Ha venido a verme.

AMELIA   Pues deberías estar contento, ¿no?

EDUARDO   (*Sin saber.*) Sí, claro.

           (*Pausa.*)

AMELIA   Ayer por la noche te oí dar vueltas por la casa.

EDUARDO   (*Deja de comer,*) Solo fue un rato. Enseguida me dormí. (*Pausa.*) ¿Entonces estás bien, mamá?

AMELIA   ¿Y tú, Eduardo?

EDUARDO   Disfrutemos ahora de esta calma.

AMELIA   (*Mintiendo.*) De acuerdo.

           (*Pausa.*)

EDUARDO   ¿Papá se está tomando la medicación?

AMELIA   Eduardo, ¿por qué gritas por la noche? También te pasaba cuando estabas en el instituto. (EDUARDO *tras una pausa, esquivo, niega.*) Gritas. Me llamas a mí, a Asier.

EDUARDO   Disculpa si te despierto.

AMELIA   Si has conocido a esa persona /

EDUARDO   Esa persona tiene un nombre.

AMELIA   Nunca me lo has dicho.

EDUARDO   Papá la llama *ramera*.

AMELIA   ¿Y por qué te conformas con que la llame así?
           ¿No te duele?

EDUARDO   ¿Que si me duele, dices?

AMELIA   Si te doliera de verdad, la defenderías.

EDUARDO   Y qué más da.

AMELIA   ¿No me vas a decir cómo se llama?

EDUARDO   *(Nervioso.)* ¿Quién?

AMELIA   La persona por quien lo has dejado todo, por
           quien estás luchando. *(Sonido de puerta que se
           abre y se cierra. Unos segundos.* AMELIA *y* EDUAR-
           DO *se miran. Entra* ANÁS.*)* ¿Ya de vuelta?

ANÁS   ¿Tengo yo una hora para volver a mi propia
           casa?

AMELIA   Me extraña. Solo eso.

ANÁS   (*Mira a* EDUARDO.) A mí lo que me extraña es que el intruso siga aquí.

AMELIA   Otra vez no, Anás.

ANÁS   Espero no verlo el domingo cuando yo vuelva.

AMELIA   Este fin de semana no se va.

ANÁS   ¿La ramera le ha cambiado la cerradura?

AMELIA   Deja de llamarla así, por favor.

ANÁS   ¿Y cómo la tengo que llamar? A ver. Dímelo tú. ¿Cómo tengo que llamar a la ramera? ¿Acaso tiene nombre?

EDUARDO   (*Con intención, firme.*) Lucía. La ramera se llama Lucía.

(AMELIA *cierra los ojos.* ANÁS *se dirige hacia* EDUARDO *con intención de pegarle y* AMELIA *se levanta para detenerlo sin conseguirlo.* EDUARDO *se protege el rostro con los brazos.*)

AMELIA   ¡Por favor, no!

(ANÁS *levanta el puño y desiste.*)

ANÁS   (*Turbado.*) Lucía no es nombre de ramera.

AMELIA   ¡Parad los dos ya de una vez!

EDUARDO   Porque yo no acostumbro a estar con rame-
           ras, papá.

ANÁS   (*Hacia* EDUARDO *de nuevo.*) No me vuelvas a
           llamar así.

           (AMELIA *comienza a sentirse mal y se sienta.*)

AMELIA   ¿Podéis parar?

ANÁS   (*A* EDUARDO.) Desde que estás aquí yo he em-
           peorado. Y tu madre, más.

EDUARDO   Desde que tú volviste más bien.

AMELIA   Por favor.

ANÁS   (A AMELIA.) Desde que naciste hemos empeo-
           rado, ¿verdad, mujer?

           (AMELIA *se cubre la cara con las manos por un
           instante.*)

EDUARDO   Me voy esta noche.

AMELIA   Espera a mañana.

ANÁS   No va a esperar a nada.

EDUARDO   Déjalo, mamá.

ANÁS   Que no haya marcha atrás. Se lo dices a tu ra-
           mera de mi parte.

EDUARDO No me va a pasar lo que a ti. Me recibirán con los brazos abiertos.

AMELIA *(Gritando.)* ¡Basta! ¡Si te vas a ir, hazlo ya, Eduardo!

(Silencio. EDUARDO *sale.)*

ANÁS *(Ríe.)* Rameras...

AMELIA ¿Te has preguntado alguna vez que habrá sido de la tuya?

ANÁS Nos encontramos hace poco por la calle. *(Con intención.)* Por casualidad.

AMELIA No pierdes la oportunidad para hacer de las tuyas.

ANÁS ¿Sabes qué pasa? Que tú y yo /

AMELIA Tú y yo somos dos peces esperando que nos echen la red para que nos dejen sin aire. *(Pausa breve).* Hoy, cuando estaba yo limpiando la mesa de tu despacho, había un verso escrito en un papel. No sé si es tuyo o sacado de algún libro, pero esas palabras parecían hablar de tu hijo, o de tu nieto, o de ti.

ANÁS «Su dolor misterioso se alza sobre él como un monumento»[2]. (AMELIA *asiente.)* Hermoso, ¿verdad?

AMELIA   Y a los pies de ese monumento estoy yo, de rodillas, sin entender nada, o, mejor dicho, sin querer entender.

ANÁS   Lo segundo, quizás.

AMELIA   ¿Sabes lo que me ha recetado hoy el médico? (ANÁS *la mira.*) Calma.

ANÁS   Yo también la necesito.

AMELIA   Tú vas a ingresar otra vez y allí la volverás a encontrar. Pero, ¿y yo? ¿Adónde voy yo?

ANÁS   A ninguna parte. Como siempre.

AMELIA   (*Se toca el corazón.*) Yo también encontraré la calma antes o después. No te preocupes.

          (*Se levanta.*)

ANÁS   ¿No estás bien?

AMELIA   (*Le sonríe, plácida.*) No sé que se te ha removido por ahí dentro para preguntármelo.

---

(2) De *Pocilga*, de Pier Paolo Pasolini. *Pier Paolo Pasolini. Teatro.* Traducción: Amelia Pérez de Villar. Edit. Punto de Vista Editores, Madrid, 2022.

ANÁS   No te entiendo.

AMELIA   Déjalo.

          (Entra EDUARDO *con una maleta. Lleva puesto un abrigo. Se acerca a* AMELIA, *le da un beso en la coronilla sin mirar a* ANÁS. EDUARDO *sale. Unos segundos.* ANÁS *se acerca a* AMELIA, *le da un beso en la coronilla y ella se lo quita como si fuera una mosca.* AMELIA *se levanta e inicia el mutis.)*

ANÁS   Quiero cenar. Tengo hambre. ¡Haz caso te digo, mujer! ¡Quiero cenar!

          *(*AMELIA *sale.)*

          Oscuro.

Proyección 5

ABRE DE BLANCO A:

(Música: *With drooping wings*).

CARTEL SOBRE BLANCO: *Death is now a welcome guest.*

EXT. ERIAL. ATARDECER.
Vemos a EDUARDO corriendo despavorido hacia la cámara.
La imagen de EDUARDO se queda congelada.

FUNDIDO EN BLANCO.

FIN MÚSICA.

Episodio 11

Comedor 2. ASIER e IZAN *sentados en la cama leyendo un cómic.* ASIER *ya no lleva el brazo escayolado.*

ASIER   Una vez Sergio estuvo aquí. Como yo nunca había invitado a nadie a mi casa, me puse muy nervioso. Entró en mi habitación y le dio por abrir el armario. Sacó toda mi ropa, la tiró al suelo y empezó a reírse. Me dijo que estaba pasada de moda, que parecía de un mendigo. También me dijo que las sábanas eran como las de su hermana. Se tumbó en mi cama con las botas llenas de barro y lo puso todo perdido. Me dijo que tenía hambre, que le preparara un bocata. Y yo se lo hice. Cuando se lo comió, me dijo que lo tocara y que como no lo hiciera, le contaría a todos que mis sábanas eran de niña. Así que le hice caso. Mientras yo se lo hacía, él me miraba fijamente. Cuando terminé, me cogió del cuello con todas sus fuerzas. Me dijo que como contara algo de lo que había pasado me terminaría de ahogar. Yo le dije que no se preocupara. Y él empezó a reirse y me dijo que le preparara otro bocata, que le había entrado más hambre. Cuando se lo comió, cogió mis cómics favoritos y se los llevó. Yo pensaba que Sergio quería ser mi amigo. Por eso lo invité. Desde esa tarde tengo el asco en la boca. (IZAN *le sonríe y lo abraza.* ASIER *le corresponde.*) Izan, ¿tú eres real? (IZAN *le sonríe.*) Ojalá pudiéramos vivir en otro mundo. Aquí no tenemos nada que hacer, ni tú ni yo.

Oscuro.

Episodio 12

Comedor 2. EDUARDO *sentado en la cama hojeando un cómic. Unos segundos. Sonido de puerta que se abre y se cierra. Unos segundos. Entra* SILVIA *y se sienta en el sofá. Unos segundos.* EDUARDO *baja las escaleras.*

SILVIA   (*Se levanta.*) ¡Joder, casi me matas del susto!

EDUARDO   Tranquila.

SILVIA   ¿Cómo que tranquila? (*Se observan. Pausa.*) ¿Qué haces aquí? (EDUARDO *la mira.*) Vete antes de que llegue Asier.

EDUARDO   Quiero verlo.

SILVIA   Él a ti, no.

EDUARDO   No me coge el teléfono.

SILVIA   Ni lo hará.

EDUARDO   ¿Es cosa tuya, ¿no?

SILVIA   (*Tras bufar.*) Vete, por favor.

EDUARDO   Supongo que necesitarás respuestas.

SILVIA   Ya no me hago preguntas, Eduardo.

EDUARDO   ¿No? (SILVIA *lo mira y se sienta.*) No estoy bien, Silvia.

SILVIA   Pues se supone que te fuiste para estar mejor.

EDUARDO   En cierto modo sí lo estoy, pero /

SILVIA   ¿Hay *peros*? ¿Después de todo hay *peros*? ¿Después de este... (*Desesperada busca la palabra.*) incendio? Sí, incendio, porque has arrasado con todo, Eduardo. Y ahora ya solo quedan cenizas. Las cenizas de tus muertos. Porque eso parece que somos Asier y yo para ti: muertos. Aunque yo creo que ni siquiera llegamos a esa categoría. A los muertos se les muestra algún tipo de respeto. (*Sin dejarlo hablar.*) Así que, si estás mejor, si ya lo has conseguido, felicidades, pero ahora vete. Cuando quieras hablamos con los abogados y ponemos el punto y final. Nada de punto y aparte. Yo quiero el punto que lo cierre todo. (*Con intención.*) El punto final que arrase con todo. El mío. Por una vez quiero ser yo quien remate la faena. Dame al menos ese gusto. De no estar Asier, yo también incendiaría esta casa con nosotros dos dentro.

EDUARDO   Antes no eras así.

SILVIA   ¿Así cómo? ¿Así de dura? ¿De contundente? (EDUARDO *asiente.*) Ya ves. He cambiado. El azar, que se ha puesto de mi parte por una vez en la vida. Algunos lo pueden llamar de otra manera: putada, por ejemplo. Pero yo lo llamo simplemente azar. La palabra es menos... (*Busca de nuevo la palabra correcta.*) lacerante. No como tu despedida.

EDUARDO   Traté de no hacer ruido.

SILVIA   Por eso mismo.

EDUARDO   No ha sido fácil.

SILVIA   Pues has demostrado que sí puede serlo. De repente, oscuro y telón. De repente... De repente el último verano, como la película... (*Pausa breve. Agotada, retoma con un mínimo de entusiasmo.*) Fue un verano de ensueño, a cientos de kilómetros. Asier, tú y yo. El océano era la barrera perfecta entre el ruido que dejábamos atrás y el silencio que nos daba la bienvenida. Y fotos, muchas fotos, ¿verdad? Todos abrazados. Asier retozando en la orilla. Asier, tú y yo caminando sobre las rocas. Asier y yo comiendo helados sin parar. Asier y tú dormidos en la hamaca. Las mejores siestas de mi vida, cariño, me decías nada más despertar. (*Intenta controlar el llanto.*) Y muchas fotos, muchas, donde estábamos tú y yo abrazados fuertemente, como si fuéramos un solo ser. Ni el viento del océano puede separarnos, me decías. Pero algo más fuerte que aquel viento se lo ha llevado todo por delante. Un espejismo. En eso ha quedado todo. En un espejismo.

EDUARDO No lo fue, Silvia. Tú crees que yo /

(SILVIA *le dedica un gesto enérgico para que* EDUARDO *no consiga hablar.*)

SILVIA Pero faltaba la foto más espectacular, Eduardo. La foto que iba a cambiarlo todo. La foto en la que Asier y yo estábamos fuera del encuadre de tu cámara. (*Toma aire y se levanta.*) Tu foto con Pablo. Esa foto en la que estás abrazado a él. Esa sí que es una foto de ensueño. Vosotros dos, como si fuérais un solo ser, que ni el viento del océano os podía separar. Y de repente, un hogar boca abajo. Un abrazo postizo y otro abrazo verdadero en menos de un mes. Y de repente, lo grotesco, lo humillante /

EDUARDO Pablo es uno de mis mejores amigos /

SILVIA Lo rastrero, lo sucio /

EDUARDO ¡Quiero hablar!

SILVIA ¡Deja de removerte que te vas a hundir más en el fango! (*Pausa breve donde vuelve a tomar aire.*) Asier vio esa foto en tu teléfono sin que te dieras cuenta. Y también leyó tus palabras de amor. De amor, Eduardo. Palabras que eran nuevas para mí porque yo nunca te las había oído decir antes, ni escribir, ni susurrar...

EDUARDO Déjame que /

SILVIA ¿Cómo quieres que te deje hablar? ¿Cómo quieres que te deje hablar, hijo de puta? ¿Eh? ¿Para qué? ¿Para que te salga más basura por la boca? No vayas a decirme que ahora eres feliz, ni que él te hace feliz, ni que por las mañanas te levantas de buen humor porque él te hace jodidamente feliz. No me reescribas el guión porque ni tú ni yo vamos a ser originales en un diálogo como éste. Esta es la misma porquería que yo un día vi a lo lejos y pensé que nunca llegaría hasta mis pies; la misma porquería en donde se ahogaban los demás y que ahora rebosa por mi garganta. Incluso pensé que sería una racha, y que podrías volver. Cómo puede ser una tan imbécil. Ya solo me queda el despecho, como a tantas otras, o vomitar esa misma porquería, como tantas otras. Y yo me siento, ¿sabes cómo, Eduardo? Rabiosa, desperdiciada y llena de tus escombros, así, de repente. Ahora que la infección lo está pudriendo todo.

EDUARDO Ya te he dicho que Pablo es uno de mis mejores amigos.

SILVIA (*Fría.*) En la foto es a su hijo a quien besas y abrazas con una intensidad que yo sí que conocía, cuando antes de dormir, entornabas los ojos y me prometías devoción verdadera cantándome aquella canción donde yo era la única, noche y día, día y noche durante aquel verano de ensueño. (*Ante la intención de* EDUARDO *de querer volver a hablar.*) Calla, por lo que más quieras. Calla de una vez. Deja que los muertos descansen en paz. Ya no puedes quemar nada más, Eduardo. Las cenizas no arden. (*Se sienta.*) Tu madre ha muerto sin saber la verdad. Pobre mujer. No sé cómo tenía estómago de ponerte un plato de comida todos los días, o de pagarte los viajes para que fueras a verlo todos-los-fines-de-semana. Primero tu padre y ahora tú. De canalla en canalla.

EDUARDO   No te consiento /

SILVIA   No me consientes, ¿qué? (*Pausa breve. Se observan.*) Lástima es lo que yo siento por ella, claro que sí. Pero tú... tú no puedes sentir eso porque /

EDUARDO   Solo he pensado en mí.

SILVIA   Exacto.

EDUARDO   ¿Y no es lícito?

SILVIA   Ahora es cuando el fango te llega hasta la boca.

EDUARDO   Quiero seguir siendo el padre de Asier.

SILVIA   *(Tras una pausa breve.)* ¿Quiero?

EDUARDO   He querido decir /

SILVIA   Lo que has querido decir. *(Tras una pausa breve.)* No sé lo que pretendes con ese chaval, Eduardo, ni ese chaval contigo. No sé cómo su padre o su madre no te han partido la cara.

EDUARDO   Ya hablé en su momento con ellos.

SILVIA   ¿Y te invitaron a cenar?

EDUARDO   No seas cínica, Silvia.

SILVIA   Soy como me da la gana. Además, no hay mal que por bien no venga.

EDUARDO   No te entiendo.

SILVIA   Que muchas gracias, Eduardo. (EDUARDO *la mira.)* Me da igual a quién se la metas y por dónde. Ahora le toca a tu efebo aguantar tus neuras, tus inseguridades, tu desgana. Espero que le compensen tus besos, los de verdad, no los postizos que tan bien se te dan.

EDUARDO   Gracias a él ya no tengo que hacer ningún esfuerzo más.

SILVIA   No seas cínico, Eduardo.

EDUARDO   Estoy siendo sincero. Y no sabes cuánto me cuesta serlo.

SILVIA   Entonces, ¿ya te has cansado de mentir?

EDUARDO   Ya me he cansado de mentir, sí.

SILVIA   Espero que ese chaval te dure mucho tiempo.

EDUARDO   Y si eso no ocurre, por lo menos ya sabré qué me gusta.

SILVIA   Eres un cabrón.

EDUARDO   Dime lo que quieras. Estoy empezando a ser feliz.

SILVIA   (*Apagada.*) De repente.

EDUARDO   Ya estoy cerca de la superficie.

SILVIA   Pero Asier, no. Él se hunde cada vez más. Nuestro hijo se empezó a hundir hace años, pero tú elegiste no aceptarlo. Para ti era más fácil abandonar el barco el primero, como las ratas, para poder respirar profundamente a costa de nuestro oxígeno. (*Pausa breve.*) No sabes cómo viene tu hijo a casa algunos días. Lo están reventando y lo paga conmigo. Y yo me dejo. ¿Sabes por qué? Porque prefiero ser yo su saco de boxeo a que cometa una locura.

EDUARDO   La medicación al menos /

SILVIA   No quiere vivir. Entérate. No-quiere-vivir.

EDUARDO   Hablaré con él sí o sí.

SILVIA   Ni se te ocurra. No quiero que lo provoques /

EDUARDO   ¡Soy su padre, joder!

SILVIA   Te ha borrado de su vida.

EDUARDO   No me lo creo. Me lo tendría que decir él.

SILVIA   Qué osado.

EDUARDO   Silvia, por favor, ayúdame a acercarme a él.

SILVIA   Primero lo ayudaré a él y luego me ayudaré a mí. Y punto. No me queda más energía.

EDUARDO   Por favor.

SILVIA   Tú sigue con tu misión de ser feliz. Hoy es jueves. Ya te falta poco. Ve y abrázalo. Llévatelo a cenar. Aprovecha que vive cerca del mar y lo invitas a lo más exquisito. Yo ya estoy más tranquila sabiendo que esta vez no es con mi dinero. Porque ésa es otra. Menos mal que fui rápida al bloquear mis cuentas. Pero qué más da. Solo es dinero. (*Pausa breve.*) Con Pablo... a quien casi lo vi nacer. No dejes de adorarlo como si fuera un dios (*Ante la mirada de*

EDUARDO.) para que tarde mucho en abandonarte. (SILVIA *le indica la salida.* EDUARDO *agacha la cabeza y se dispone a salir.*) Esta tarde cambiaré la cerradura. (EDUARDO *sale.* SILVIA *se sienta, saca el móvil del bolso y marca. Unos segundos.*) ¿Cariño, dónde estás? / ¿En casa de Izan? / No llegues tarde, que te espero para cenar. / No, a dormir, no. Terminas lo que estés haciendo y punto. / No, no hay más que hablar. / Asier no me grites / ¡Asier! (SILVIA *cuelga y marca de nuevo. En el Comedor 1 suena el teléfono. Entra* ANÁS *y descuelga.*) Anás. / Tu hijo ha estado aquí / Habla con él, porque si vuelve, no respondo /

(*Luz de candilejas en ambos comedores.* SILVIA *hablará sin que la podamos oír hasta el oscuro.*)

ANÁS   Llamad a mi nodriza para que me acune,
         para que ilumine mi cuarto con sus dientes
                                          [de flores.
         No os asustéis si voy tras ella,
         decidle a todos que he salido[3].
         No más.

(ANÁS *cuelga.*)

Oscuro.

---

[3] Versos inspirados en el poema *Voy a dormir* de Alfonsina Storni. *Alfonsina Storni. Poesía completa.* Edit. Losada. 2018

Proyección 6

ABRE DE BLANCO A:

    (Música: *With drooping wings*).

CARTEL SOBRE BLANCO: *Death is now a welcome guest.*

EXT. ERIAL. ATARDECER.
    Vemos a Silvia corriendo despavorido hacia la cámara.
    La imagen de Silvia se queda congelada.

FUNDIDO EN BLANCO.

FIN MÚSICA.

Coda

Luz de candilejas en los tres espacios hasta indicación.

Parque. IZAN *sentado en el banco. Lleva la pulsera que le dio* ASIER. *Se la quita y juguetea con ella. Unos segundos. Una piedra es arrojada al escenario desde el bastidor que está a su derecha. Unos segundos.* IZAN *se levanta, observa la piedra y luego mira fijamente hacia el bastidor. Unos segundos. Otra piedra es lanzada desde el bastidor contrario.* IZAN *repite la acción. Unos segundos. Otra piedra más desde el bastidor derecho y otra más desde el bastidor izquierdo.* IZAN *se coloca la pulsera, saca un cuchillo de la mochila y da un grito al cielo. Más piedras.* IZAN *grita, levanta el cuchillo al cielo y sale corriendo por el patio de butacas sin dejar de gritar.*

Lo que ocurrirá a continuación en el Comedor 1 y en el 2 sucederá casi simultáneamente, de manera que, cuando entre EL JOVEN *en el Parque, todo estará a punto de concluir. La música irá desapareciendo cuando entre* EDUARDO.

Comedor 1. ANÁS, *vestido con traje negro, camisa blanca y corbata negra, entra en el comedor, coge un vinilo y lo pone en el tocadiscos. Suena* When I am laid in earth. ANÁS *se queda quieto unos segundos. Sale. Unos segundos. Ahora lleva puesto un abrigo negro, una mascota en una mano y una maleta en la otra. Se queda quieto mirando el frutero donde solo queda una manzana.*

Comedor 2. Silvia *entra y se sienta en el sofá. Lleva pantalones negros y blusa a juego. Mira el móvil. Unos segundos. Se guarda el móvil en el bolsillo. Unos segundos. Mira la estancia durante unos segundos. Se levanta y sale. Unos segundos. Entra con un abrigo oscuro puesto, un gorro en una mano y una maleta en la otra. Se queda quieta mirando hacia la escalera.*

Parque. Entra El Joven. *Trae una bolsa de papel. Se sienta en un extremo del banco, saca una manzana de la bolsa y empieza a comérsela. Unos segundos. Entra* Eduardo. *Viste abrigo oscuro, mascota a juego y trae una maleta. Se sienta en el otro extremo del banco.* El Joven *sigue comiendo la manzana sin dejar de mirarlo. Unos segundos.* Eduardo *mira al joven.* El Joven *le indica con un gesto si le apetece una manzana.* Eduardo *asiente.* El Joven *saca otra manzana de la bolsa y se la da. Se sonríen.* Eduardo *se quita la mascota, la deja sobre el banco y empieza a comerse la manzana.*

EDUARDO   *Está rica.* (El Joven *sonríe.*) Estas son de mis preferidas. Mi madre me las solía comprar. (El Joven *sonríe.* Eduardo *mira por un instante en derredor.*) Yo vivía por aquí cerca, pero nunca había venido a este parque. (El Joven *sonríe.* Eduardo *deja de comer.*) Mi hijo también venía a esta parque a leer. Él tendría ahora tu edad más o menos. (*Pausa breve.*) Yo perdí a mi hijo y con él lo fui perdiendo todo. (*Pausa breve.*) Mi hijo se agotó antes de tiempo. Se quedó varado, sin ofrecer resistencia. Hay quienes nacen con un ancla atada a los pies y otros con alas, como Mercurio. Yo al final fui capaz de echar a volar. De repente apareció alguien y puso todo mi ser en movimiento. Ese alguien me dio su mano a escondidas y me entregaba su sonrisa para que yo la besara. La primera noche que pasamos juntos, yo me iluminé por dentro. El mundo era un juguete en mis manos y no al revés. (*Pausa breve.*) ¿Tú has sido alguna vez responsable de una catástrofe? Cuando decidí quedarme con él y me llevé a los míos por delante. Tardé mucho en darme cuenta de que había perdido el rumbo y me vi caminando entre ruinas, por inercia, solo. Un día, de repente, aquella sonrisa se burló de mí y sus labios escupieron sobre los míos. Ahora solo me queda este equipaje lleno de escombros y este (*Se señala el corazón.*) también lleno de escombros. Nada más aterrador que un corazón con forma de precipicio. Todo se convirtió en cenizas tras el incendio, porque yo fui el incendio. Por eso me pregunto qué sentido tiene todo si ellos ya no están. Yo buscaba la victoria como un buen soldado y para eso tuve que destruir, queriendo y sin querer. Pero ahora ya no hay más batallas que librar, no sin los de siempre. Ahora yo solo quiero dormir. Echo en falta a mi nodriza para que me acune y me cante; echo en falta su sonrisa con dientes de flores... (*Reacciona, mira y sonríe a* El Joven.) Discúlpame. No sé qué pensarás de mí contándote todo esto sin conocernos de nada. Necesitaba dejar mis palabras en este lugar. Lo necesitaba. (Eduardo *coge la mascota y se la pone al mismo tiempo que* Anás *se pone la suya y* Silvia *su gorro.*) Yo solo quería ser feliz.

El Joven   (*Le aprieta la mano a* Eduardo *en señal de afecto.*) Yo soy Izan.

(Eduardo *comienza a llorar y a sonreír al mismo tiempo. Suena* With drooping wings. *Luz de candilejas cuando entra* Asier *en el Comedor 1 y coge la manzana mientras va saliendo* Anás. *Sale* Asier *del Comedor 1, se apagan las candilejas, entra en el Comedor 2 y se encienden las candilejas.* Asier *lo atraviesa mientras va saliendo* Silvia. *Entra* Asier *en el Parque. Luz de candilejas y sale* Eduardo. Asier *se sienta en el banco y empieza a comerse la manzana. Nadie ha visto a* Asier *en su recorrido. Silencio. Salvo un recorte sobre el rostro de* Asier, *oscuro general lentísimo y...*)

Telón.

CARLOS HERRERA CARMONA

llagas

Personajes

Mujer
Hombre
Dama

2 1

Habitáculo. Mesa y dos sillas. Puerta al fondo.
HOMBRE *y* MUJER *de mediana edad juegan a las
cartas. Silencio. Se oye un graznido. La pareja
se detiene. Miran hacia la puerta. Silencio. La
pareja continúa.*

MUJER   No puede tener hambre. A esa edad ya no se
tiene tanto apetito. (*Graznido. Se miran por un
instante y prosiguen.*) ¿Haría eso allí también?
(*El* HOMBRE *está incómodo.*) Digo yo que entonces nos habrían llamado. Como están de-
seando largarlos. (*Pausa brevísima.*) Aunque
la mensualidad era muy suculenta. (*Pausa.*)
¿Te acuerdas cuando se quedaron con las pa-
gas extras? El pan nuestro de cada día. (*Pausa.*) Hiciste bien en amenazarlos para que la
admitieran. (*Graznido. Se detienen y se miran.*)
Tú la has vuelto a atar, que lo sé yo.

HOMBRE   Ayer se puso un poco nerviosa. (*Baraja. La*
MUJER *lo mira por un instante.*) Me quería ara-
ñar. Le han crecido mucho las uñas en nada
de tiempo. (*Pausa.*) Se las podrías cortar. A ti
se te da muy bien. (*La* MUJER *lo mira por un
instante.*) La última vez que yo lo hice sangró
mucho.

(*Continúan jugando.*)

MUJER   Mejor contratamos a alguien para que se lo haga. Los uñeros son peligrosos y se pueden infectar si no se los ataca a tiempo. Conozco casos que han acabado sin piernas.

HOMBRE   Aquí no puede entrar nadie. (*La* MUJER *lo mira por un instante.*) De acuerdo, lo haré yo. Pero le tendrás que meter algo en la boca. (*La* MUJER *lo mira por un instante.*) Un calcetín servirá. (*La* MUJER *lo vuelve a mirar por un instante.*) No soporto que hable. Después no puedo dejar de darle vueltas a todo lo que me dice en esa lengua tan rara que usa ahora.

(*La* MUJER *se levanta.*)

MUJER   Voy a afilar las tijeras.

HOMBRE   Es tarde.

(*Recoge las cartas, baraja, reparte.*)

MUJER   (*Se sienta.*) ¿Tarde? Tenemos todo el tiempo del mundo. Estamos aquí por y para ella.

HOMBRE   Para mí es tarde.

(*Juegan. Graznido.*)

MUJER   ¿La oyes? Se quiere vengar de nosotros. (*Pausa.*) Anoche estaba como poseída. Le dio por arrancar el papel de las paredes y se lo comía como si no hubiera un mañana. Luego se subió al tejado y le cantó a la luna en aquella lengua del diablo. La vecina de al lado se pensó que era otra bestia de las eras y le empezó a tirar botellas rotas, pero la vieja las atrapada al vuelo y se las devolvía con una fuerza impropia de una señora de su edad. La vecina la quiere denunciar, que lo sepas. En el fondo, me alegro. La vecina se lo tiene merecido. A mí no me importaría que la vieja le clavara un botella en las ubres y la dejara en el sitio. Lo que daría yo por verla tiesa y con los ojos inútiles para siempre. Esos ojos que fueron a por ti y se pegaron debajo de tu vientre. Cómo se quedaba prendida de tu sexo cada vez que te duchabas en el corral. Qué ascazo. Yo la miraba, a ver si paraba. Pero la mala pécora me sonreía como diciendo a ver si eres capaz de ponérsela tan dura con tan solo mirarlo. Una vez que vino a por sal me dijo casi escupiéndome, no sabes lo que tienes, boba, deberías tenerlo en un altar, si yo tuviera a uno como el tuyo a mi vera, para qué ir a misa a arrodillarme ante nada ni ante nadie, yo estaría todo el día despatarrada, cubierta de flores, para cuando él llegara de la siega, hiciera un ramo con ellas y me las metiera alma adentro, yo sé que tú te conformas con que chupe esa naranja seca que siempre escondes. Yo solo podía mirar su boca, amor, mientras esa descarriada soltaba aquellas indecencias, hasta que se largó salivando dejando un charco de su placer la muy zorra. La vi por el sendero al día siguiente contoneando su cuerpo en pie de guerra derramando la sal que yo le había dado. Luego, cuando llegaron las tinieblas, me la encontré adorándote en el corral. Cómo le apretaban a la desviada las ganas de roce y de lamerlo, y allí estaba ella, pasando su lengua por cada centímetro de tu piel, enajenada, con su cráter abierto de par en par. Por eso no me importaría que la vieja le clavase una botella en la cabeza y la dejara en el sitio. Tú seguirías refrescándote en el corral y solo serían mis ojos los que te levantara el sexo en este mes de agosto que se estira sin compasión. (*Pausa brevísima.*) Loca me tienen las dos. La vecina, con sus babas, y tu tía con sus devaneos. Estoy por tapiar el corral. (*Pausa brevísima.*) Ya no queda más papel en las paredes. A ver qué se me mete en la boca cuando le entren los siete males de madrugada.

(*Pausa.*)

HOMBRE   Cuando la bañe, se relajará.

MUJER   Voy a prepararlo todo.

(*Se levanta.*)

HOMBRE   No podemos tenerla todo el día metida en la bañera.

MUJER   Tampoco podemos tenerla todo el día atada en la cama.

(*El* HOMBRE *la mira por un instante. La* MUJER *se sienta. Pausa.*)

HOMBRE   Ayer la noté un poco ahogada y la puse boca abajo. Y me llevé una sorpresa. (*La* MUJER *lo mira por un instante.*) Llagas.

MUJER   El colchón que le hemos comprado es precisamente para que no le salgan.

HOMBRE   Da igual.

MUJER   No, no da igual.

HOMBRE   Vale ya.

MUJER   Seguro que las contaste. (*El* HOMBRE *la mira por un instante.*) ¿Las contaste?

HOMBRE   (*Deja de jugar y tira las cartas sobre la mesa.*) Vale, sí. Las conté. (*La* MUJER *lo mira por un instante.*) Cientos. Y el pus le sale a borbotones. ¿Ya?

MUJER   Me vas a levantar el estómago.

(*Pausa.*)

HOMBRE   No te has fijado. (*La* MUJER *lo mira.*) ¿Cómo que no sabes? Entra y fíjate bien debajo de los párpados. Ahí las llagas son peores.

(*La* MUJER *recoge las cartas y las ordena.*)

MUJER   Ayer estuvimos hablando. (*El* HOMBRE *la mira por un instante.*) Solo un poco. Sí, sí, lo sé. Sé que no debo hablar con ella. Siempre meto la pata. (*El* HOMBRE *se levanta y tira la silla contra el suelo.*) Pero no tuve más remedio. Es más...

(*Silencio. El* HOMBRE *se dirige hacia la puerta, se dispone a abrirla, pero desiste.*)

HOMBRE   ¿Te habló de mí? (*Pausa.*) No te habla de mí. (*Pausa.*) ¿Nunca?

MUJER   ¿Por qué tendría que hacerlo?

HOMBRE   ¿Porque soy su familia?

MUJER   Buscas su agradecimiento. Te conozco. (*El* HOMBRE *evita su mirada.*) ¿En serio esperas su bendición? (*El* HOMBRE *evita su mirada.*) De acuerdo que la has sacado, pero también fuiste tú quien la metió allí. Y ella no lo olvida. Me lo ha dicho. Además, estamos en su territorio.

HOMBRE   Fue un impulso. Soy muy de impulsos. Lo sabes. Uno de ellos me llevó a ti. Yo funciono así y lo descubriste. Mi talón de Aquiles. Mi talón de Aquiles son los impulsos. Escucho a mi estómago antes que a mi mente. Me gusta hacerlo así. Sé que es el camino incorrecto, y que yo soy para ti el incorrecto. Te pongas como te pongas, lo soy. Solo estás a mi lado porque mis impulsos te dan el oxígeno que tú necesitas. Yo no sabría vivir sin mis impulsos. Disfruto sin saber hacia dónde me llevan. Es como si me atragantara con mi propia sangre, como si algo se me rompiera por dentro y la sangre quisiera salir hacia afuera y me ahogara sin remisión. Como si dentro ya no hubiera sitio para tanta sangre, y por eso tiene que buscar la superficie, para que yo no me termine ahogando. Ése es el origen de mis impulsos. Yo pensé que tú me podías sanar, que podías parar el chorro de sangre que salía de mí, que con tu arropo, los impulsos quedarían dormidos, como dragones sin reino que sobrevolar. (*Pausa brevísima.*) Yo soy un hombre que me dejo llevar. Un inútil sobre la faz de la tierra. Solo se me da bien el azadón, comer, dormir y volver a las eras cada madrugada. Por eso, cuando siento que los músculos se estiran y apuntan como si fueran balas, no puedo dejar que pase. Porque soy un inútil sobre la faz de la tierra. Por eso me dejo llevar. Tampoco sé de dónde me viene. Por más que me abro el pecho y me miro no veo nada. Es como un milagro. Sí. Un milagro que me nace de dentro y pone a mis músculos en pie de guerra. Ella lo hizo todo. Yo solo me estaba duchando. Soy un hombre limpio. No me gusta ir dejando barro por la casa. Ella me decía que no me moviera. Y se metió garganta adentro todo lo que pudo de mi cuerpo y más. Y fue cuando el impulso apareció. Como si fuera un chorro de agua que surge de la tierra por sorpresa cuando clavas en ella el azadón. Ella se agitaba como una abeja sobre mí. El zumbido de su voz me dejaba dormido. Yo sé que tú nos mirabas a lo lejos. Yo sé que tú te tocabas a lo lejos. La vecina te llamó para que la ayudaras pero tú te desintegraste. Y yo me dejé llevar. Ese ha sido el impulso más bárbaro de toda mi vida. La vecina llenó sus manos con mi simiente y se la ofreció a los cielos. De pronto la tiniebla desapareció y la vieja nos maldijo a los tres desde el tejado. A ti te dedicó lo peor por quedarte quieta. La vieja tiene razón: siempre es peor mirar que meterse en la refriega. Al menos ahí se demuestra valentía. (*Pausa. La* Mujer *mira la silla caída.*) ¿Te ha dicho si está enfadada conmigo?

Mujer   ¿Te importa más su enfado o el mío? (*El* Hombre *recoge la silla, se sienta y reparte las cartas. La* Mujer *se niega a jugar. El* Hombre *lanza las cartas al aire con violencia.*) Te echo de menos. (*El* Hombre *se levanta, la abraza y la besa entusiasmado, pero se aparta bruscamente al detectar un sabor desagradable en sus labios y en su lengua. La mira asqueado.*) Tu tía me ha escupido en toda la boca. (El Hombre *la mira tras limpiarse la boca con la manga de la camisa.*)

Sí, en toda la boca. Y el olor y el sabor de su sangre no se va. (*El* HOMBRE *escupe.*) Al final me convenció para que habláramos.

HOMBRE   ¿De mí?

MUJER   De su amigo el sacerdote. Dice que tú lo conoces.

HOMBRE   (*Burlón.*) ¿Quiere confesarse?

MUJER   Quiere que te confieses tú.

HOMBRE   Yo no he hecho nada.

(*Graznido.*)

MUJER   Ella dice que sí.

HOMBRE   Yo no he hecho nada de nada.

(*Graznido.*)

MUJER   Por lo de la vecina.

HOMBRE   ¡No, no y no! Soy un hombre inútil sobre la faz de la tierra.

(*Graznido.*)

MUJER   Y lo más gracioso fue que me dijo que lo negarías tres veces.

HOMBRE   Le aumentaré la medicación.

MUJER   (*Recoge las cartas del suelo.*) Me sigue sorpren-
diendo su lucidez. (*Graznido. El* HOMBRE *mira
fijamente a la puerta. Pausa.*) Tú te estás arre-
pintiendo. Te conozco.

HOMBRE   (*Reparte las cartas para los dos.*) A mí nunca
me ha estorbado. A ti sí. (*La* MUJER *niega lentamente. Tira las cartas al suelo.*) Su dinero es
lo que nunca te ha estorbado.

MUJER   Somos iguales. Te...

HOMBRE   Yo también te conozco. Nos conocimos en el
mismo lugar, así que no podemos engañarnos
el uno al otro. Esa es la clave de nuestro éxito. (*Señala la puerta.*) Ella es nuestro éxito.

(*Tres graznidos. El* HOMBRE *abre la puerta y sale.
Unos segundos. Después entra tapándose la boca
con un pañuelo y dando arcadas. Cierra la puerta. La* MUJER *asqueada. El* HOMBRE *intenta re-
lajarse.*)

MUJER   ¿Te ha dicho algo? (*El* HOMBRE *niega.*) ¿Te ha
escupido a ti también?

HOMBRE   (*Niega.*) Su olor...

MUJER   Qué raro. Hace nada que le he rociado el cuerpo con colonia. (*Al* HOMBRE *le viene otra arcada pero se contiene.*) ¿Has comprobado el

pañal? (*El* Hombre *niega controlando otra arcada.*) Lo lleva puesto desde antes de ayer. Por eso huele todo esto así.

HOMBRE   Cállate.

MUJER   Tu obligación es comprobar el pañal y cortarle las uñas. No te soporto cuando no admites tus obligaciones.

HOMBRE   No me hables más de cuáles son mis obligaciones.

MUJER   Claro que te hablo de tus obligaciones. Ahora tienes que ir y cambiarle el pañal. Huele fatal.

HOMBRE   Quiero dormir tranquilo.

MUJER   No haberla sacado de allí. Otro impulso fatal.

(*El* Hombre *consigue controlar las arcadas.*)

HOMBRE   Tú la desatas por las noches para que ella se pasee por la casa. ¿A que sí? (*La* Mujer *lo mira.*) La veo a los pies de mi cama todas las noches y me pellizca los pies.

MUJER   ¿Y por qué no me despiertas?

HOMBRE   Porque no estás. (*La* Mujer *se dispone a jugar un solitario.*) Me coge el dedo índice y se lo mete en una de sus llagas. (*La* Mujer *lo mira y le sobreviene una arcada.*) Porque dice que he sido yo el que se las ha causado.

MUJER   Dile que siempre cuidarás de ella. Se calmará.

HOMBRE   Ella dice que estoy condenado a vivir en las tinieblas.

MUJER   Tu tía tiene razón. Deberías llamar a ese cura y confesarte antes de ducharte en el corral.

HOMBRE   ¿Entonces tú no la desatas por las noches? (*La* MUJER *lo niega.*) Ayer le metí la mano en una llaga inmensa que tiene en la espalda. (*La* MUJER *da otra arcada.*) Le metí todo el brazo, hasta el hombro. Yo pensaba que estaba palpando las vísceras, pero solo era pus. Y por más que me lavo las manos, no se va el olor. (*Olisquea el pañuelo.*) Debe ser que todo se queda en las uñas. (*Le acerca las uñas a la nariz de ella.*) ¿Me las podrías cortar a mí también? (*La* MUJER *da otra arcada, mareada.*) ¿No eres tú entonces? ¿Me das tu palabra?

MUJER   (*Más débil, más arcadas.*) Juguemos otra partida. Te dejaré ganar.

HOMBRE   Pienso que te ha sobornado para que la desates.

MUJER   (*Respira lenta y profundamente, se seca el sudor de la frente y se va recomponiendo.*) ¿No te das cuenta de que si lo hiciera ella me daría un bocado?

HOMBRE   Mi tía aparece envuelta en una sábana y dice: *haec ulcera victoria mea sunt. Si abeunt, nemo mihi credet.*

MUJER   Es como si hablara el diablo.

HOMBRE   Las llagas son mi victoria. Si desaparecen, nadie me creerá. (*La* MUJER *lo mira.*) No quiere que se las curemos. Así que tiraremos el colchón.

MUJER   Nos quiere denunciar. Por eso quiere seguir en carne viva.

HOMBRE   Tenemos que rezar mucho para que se muera cuanto antes.

MUJER   Tu tía es muy resistente. Puede durar años.

HOMBRE   Hay que sacrificarse. Yo ya llevo tiempo. Mira.

        (*EL* HOMBRE *se desabrocha la camisa, le enseña el silicio que lleva alrededor de la cintura, se lo aprieta más fuerte, sonríe y le acerca el pañuelo a la nariz.*)

MUJER   (*Dando arcadas.*) ¡Basta! (*EL* HOMBRE *le mete el pañuelo en la boca. Graznidos hasta el silencio. La* MUJER *se defiende. El* HOMBRE *persiste. Caen al suelo y forcejean. Oscuro. Luz. Mismo lugar. La* DAMA, *unos ochenta años, descansa reclinada en un diván. La* MUJER *le lava los pies en una palangana. Silencio.*) Qué suavidad la suya.

DAMA   ¿Qué tonterías dices?

MUJER   Su piel ya no necesita más ungüentos.

DAMA   No seas tonta, niña. Tengo el talón lleno de du-
          rezas, las uñas curvas y amarillas y los dedos
          como sarmientos. No tienes por qué mentir-
          me para que te siga protegiendo.

MUJER   Quiero agradarla, tía.

DAMA   No me llames así. No quiero tu parentela.

MUJER   Usted me salvó la vida. Ella ya no volverá a
          mirarlo mientras se ducha.

DAMA   Ea. Pues ya estamos en paz.

MUJER   Tía, yo nunca la abandonaré.

DAMA   Niña, te digo que no seas más tonta. Es mi di-
          nero lo que te retiene, no yo.

MUJER   También tengo que cuidar de su sobrino.

DAMA   Por cierto, hay que controlarle el silicio. Ya no
          le caben más llagas en la cintura.

MUJER   ¿Y si me pongo yo otro?

DAMA   (*Le da un golpe en la cabeza.*) ¡Qué sabrás tú
          lo que es el calvario! (*Graznido. La* MUJER *deja
          de masajear.*) Ahí lo tienes. Por hablar.

MUJER   Antes, su llamada de auxilio sonaba mejor.

DAMA   Mira que eres tonta.

MUJER   Solo quiero ser agradable.

DAMA   Pues solo consigues ponerme de mala leche.
          Calla un rato y córtame las uñas. Pero ten cui-
          dado. No te arriendo las ganancias si me ha-
          ces daño. No puedo desperdiciar ni una gota
          más de sangre. Bastante he perdido ya desde
          que me trajísteis aquí de vuelta.

          (*Graznido.*)

MUJER   ¿Tendrá hambre?

DAMA   ¿Quieres que me gaste lo que me queda en el
          banco en darle de comer? Si quieres lo hago.
          Menos te quedará a ti. (*La* MUJER *lo niega.*) Ve
          y le cambias los pañales. Desde aquí ya pue-
          do oler todo lo que ha soltado. (*A la* MUJER *le
          da una arcada. La* DAMA *se muere de risa.*) ¡Pero
          mira qué eres tonta! (*Entra el* HOMBRE *con los
          brazos extendidos. Solo lleva puesto un pañal.
          Hay sangre en su cintura y una herida enorme
          en el costado. La* DAMA *al verlo se ríe aún más.*)
          ¡Míralo, si parece un Cristo! ¡Sobrino, menu-
          da purga, eh!

HOMBRE   *Libera me, thia, de morte aeterna.*

DAMA   ¿Y quién soy yo para hacerlo? ¿Tengo yo acaso el poder y la gloria?

MUJER   ¿Eres tú, cariño, quien sale de las tinieblas?

DAMA   Qué cómica eres, niña.

HOMBRE Quiero un sacerdote.

DAMA   No te quedan más días para arrepentirte. Pagarás por haberme sacado de un infierno y haberme metido en otro. Te pedí que me lamieras la herida del costado y no lo hiciste. Por eso seguirás aquí, sobrino.

HOMBRE ¿Dónde estoy?

MUJER   ¡No lo reconozco, tía, no es él!

DAMA   ¡Pues acércate y compruébalo!

        (La MUJER *se acerca al* HOMBRE *y le mete la mano en la herida del costado. El* HOMBRE *se retuerce de dolor. La* DAMA *vuelve a reírse.*)

HOMBRE *Thia, serva me.*

DAMA   *Procul tota nequitia diabolicae fraudis absistat. Nihil hic loci habeat contrariae virtutis admixtio; non insidiando circumvolet: non latento subrepat; non inficiendo corrumpat*[1].

HOMBRE   Aléjese, pues de aquí, al imperio del Señor, todo espíritu inmundo; aléjese toda maldad diabólica; nada pueda aquí el poder del enemigo; no ponga asechanzas, no se esconda, ni intente infectarlas.

MUJER   (*Tras besarle la herida.*) Eres tú.

    (*El* HOMBRE *la mira.*)

DAMA   ¡Sobrino, fuera de mi vista o te clavo una lanza en el costado y te remato! ¡Y tú, niña, córtame las uñas, que no quiero morir más infectada de lo que ya estoy!

    (*Oscuro lento. Luz. El habitáculo está decorado ahora como un salón burgués. La pareja vestida de gala. Proyectado al fondo el lienzo de Caravaggio donde aparece santo Tomás y los apóstoles. Música lejana de violines.*)

MUJER   (*Que ha repartido las cartas, levanta una.*) Pinta en oros.

HOMBRE   Por tu sonrisa sé que llevas el orón.

MUJER   Tú me has cantado las cuarenta antes.

---

[1] Fuera toda la maldad del fraude diabólico. La mezcla del poder opuesto no tiene cabida aquí; vuela sin acechar; se acerca sigilosamente sin esconderse; Él corrompe no infectando.

HOMBRE   Prepárate por si te las canto otra vez.

MUJER   (*Con sorna.*) Tira y calla. (*Pausa.*) Ha sido todo un acierto que tu tía esté aquí con nosotros. Este es su sitio.

HOMBRE   ¿Le has mirado hoy la espalda?

MUJER   Como el culito de un bebé.

HOMBRE   No quiero que sufra.

MUJER   Tranquilo.

HOMBRE   ¿Has comprobado si ya le han ingresado lo de este mes? Es la paga extra de navidad.

MUJER   Por supuesto, cariño. Qué cosas.

HOMBRE   Voy a ver qué tal se encuentra. Si ella descansa, yo también.

MUJER   Paciencia. Pronto volverás a soñar como antes.

(*El* HOMBRE *se levanta, abre la puerta y sale. Unos segundos. Entra la* DAMA *desnuda envuelta en una sábana dejando visible una gran herida en el costado. La* MUJER *mira las cartas y queda pensativa.*)

DAMA   ¡No hagas trampas!

MUJER   (*Que la ve.*) ¡No puede ser!

(*La* DAMA *coge el dedo de la* MUJER *y se lo mete en su propia herida. La* MUJER *grita en silencio. Entra el* HOMBRE *compungido. La* MUJER *disimula. Él no verá a La* DAMA.)

HOMBRE   Cariño. La tía nos ha dejado. (*La* MUJER, *aterrada, va sacando la mano de la herida y contempla la pus.*) Habrá que prepararlo todo.

DAMA   ¿A qué esperas, niña?

HOMBRE   ¿Te pasa algo en la mano?

MUJER   Calambres.

HOMBRE   Llama al sacerdote. Que extraiga con delicadeza cerebro, pulmones, estómago, hígado y tripas. Ha de eliminar con natrón toda humedad de su cuerpo. Una vez que su carne esté seca, que la cubra con resina y asfalto. El corazón ha de quedar intocable. Que la envuelva con gasas y deje libre todos los orificios. Por último que la cubra de sal. Asegúrate de que no falten los perfumes. De esta manera, mi tía se quedará con nosotros para siempre. Solo así podré dormir tranquilo.

DAMA   No le hagas caso. Tú vísteme con mi vestido verde. El de gasa. Y maquíllame solo un poco. Los labios no me los toques. No quiero parecerme a ti. Y quiero ir descalza. Toda una vida con tacones pero ahora iré como me dé a mí la gana. Ah, y echa todas mis perlas en la fosa.

119

Como se te ocurra quedarte con una, te juro que con esa te atragantarás.

HOMBRE   ¿Llamas tú al sacerdote?

DAMA   Espero que me hagas caso a mí.

(*La* MUJER *asiente a los dos.*)

HOMBRE   (*Husmeando el aire.*) Un momento. (*La* MUJER *mira.*) Es ese olor otra vez.

MUJER   Uno de los efectos secundarios. Paciencia. Pronto volverás a soñar como antes. (*El* HOMBRE *le da un beso y nota un sabor extraño en sus labios. Graznido. El* HOMBRE, *asustado, mira a la* MUJER *pero esta no comprende. La* DAMA *sale riéndose a carcajadas. La pareja se mira. El* HOMBRE *siente una punzada en el costado, se desabrocha y queda a la vista una profunda herida que sangra.*) Siempre tienes el as para matar al tres.

(*Portazo. Oscuro. Graznidos.*)

CARLOS HERRERA CARMONA

querencia

Personajes

PADRE   unos setenta años.

HIJO   unos treinta años

2

Nota:

El texto en negrita puede servir como acotación para el PADRE.

PADRE   (*Frotándose las muñecas.*) ¿Y esto?

HIJO   (*A él, dulce en todo momento.*) Son correas, pa-
             dre. Así que no se mueva usted mucho que se
             va a hacer daño. ¿Me hará caso?

PADRE   Claro.

HIJO   (*A público.*) La operación de cadera salió bien.
             Era como si mi padre no hubiera pasado por
             el quirófano. Dicen que la demencia disminu-
             ye el dolor. O eso queremos pensar. La de mi
             padre es una enajenación calmada, risueña. **Mi
             padre ya solo se limita a mirarte, a encogerse
             de hombros y a sonreír.** Esto último podría ser
             la síntesis de lo que ha sido su actitud ante la
             vida. Para mi padre todo el mundo merecía su
             confianza. Y por eso se la metieron por la es-
             cuadra muchas veces.

PADRE   ¿A dónde se ha ido la monja?

HIJO   Es la enfermera.

PADRE   El cura es muy bueno conmigo. Me da ciga-
             rritos. La monja, no. ¿Tienes uno *pa* mí?

HIJO   (*Susurrándole.*) Aquí no se puede, padre.

PADRE   ¿Ah no? (*El* HIJO *niega con la cabeza bromista.*) ¿No va a volver?

HIJO   ¿Quién, el cura?

PADRE   No, hombre. La monja.

HIJO   (*Bromista.*) Que no...

PADRE   El cura me da cigarritos. La monja, no. ¿Tienes uno *pa* mí?

HIJO   (*A público.*) Su candidez era su segunda piel. De ahí que más de uno y más de dos se le arrimaran para sacarle chistes, favores, y, sobre todo, dinero. Dinero que él ganaba a base de martillazos y de cargar muebles a sus espaldas. Dinero que nunca le devolvieron. Y aquellos *chuflas,* como él los acabó llamando, cuando conseguían los billetes, se iban todos a jugar al escondite inglés. Ahora mi padre ya se ha librado de ellos sin querer. Nadie se arrima a un bufón desmemoriado que no hace reír; ni a un pelele casi paralítico con una pensión nada jugosa. Pobre marioneta mi padre sin sus dientes de porcelana. De esta cama irá directo a una silla de ruedas y ahí quedará postrado con su media sonrisa, encogiéndose de hombros y oyendo palabras que se escurrirán sin compasión por el desagüe de la consciencia. (*A él.*) Por cierto, ¿ya se acuerda usted de mi nombre? (*A público.*) **Cuando mi padre baja al pozo a por información, solo se encuentra con un poco más de vacío. Al regresar, niega con la cabeza una y otra vez, como el niño al que le acusan sin motivo.** (*A él.*) Me llamo Cristóbal, como usted... (*A público.*) **Entonces él mira al techo lentamente, como si en su blancura estuviera escrita la solución a mis preguntas.** (*A él.*) Tobalo, Tobalito, como abuelo... (*A público.*) **Y él repite en voz baja** *claro, claro, claro...* Sin embargo, justo antes de que se vaciara el arsenal de su pensamiento, cayó en la cuenta de que jamás había sido correspondido. Entonces comenzaron a desaparecer nombres y vivencias. Y él dejó de acariciarla vida como si fuera de terciopelo.

PADRE   Rafael.

HIJO   (*Ríe.*) ¿Rafael? Bueno, pues Rafael. Dígame, ¿qué necesita?

PADRE   Llama al cura y dile que me dé un cigarrito. Pero a la monja no, que me riñe.

HIJO   Es la enfermera.

PADRE   No me engañes.

HIJO   Yo a usted no le engaño. (*El* PADRE *lo mira fijamente.*) ¿Le duele? (*El* PADRE *igual.*) La herida.

Que si le duele. (*El* Padre *se encoge de hombros y se mira las muñecas.*) Son para que no se haga daño.

Padre   (*Acompañado de un gesto.*) ¿Tú no comes?

Hijo   Cuando usted termine, bajo yo y pico algo. ¿Le parece?

Padre   Claro.

Hijo   (*A público.*) De repente esa noche, mientras dormíamos, una chispa lo prendió todo y mis manos se llenaron de fuego. Salí al pasillo y descubrí que, también, todos tenían las manos llenas de fuego.

Padre   ¡Tobalito, que me quemo los pies!

Hijo   Las llamas, como locas, se reían trepando por la fachada. El humo danzaba por los pasillos, quería colarse por nuestras gargantas.

Padre   ¡Me quemo las piernas!

Hijo   Yo me dispongo a salvar a mi padre. Le intento quitar la sonda. No sé cómo hacerlo. No hay más aire. Le intento quitar las vías. No sé cómo hacerlo. No hay más aire. Tengo que sacarlo de aquí. No sé cómo hacerlo. No hay más aire. Mi padre llora cuando intento bajarlo de la cama. No sé cómo hacerlo. No hay más aire. Cojo a mi padre en brazos. Lo arrastro hasta la escalera de incendios. No sé cómo hacerlo. No hay más aire. Mi padre no puede ponerse en pie. Lleva poco tiempo con la prótesis. No sé cómo hacerlo. No hay más aire. Mi cuerpo está lleno de fuego. Mi padre ya no respira y me detengo porque ya no hay más aire...

(Silencio. El Padre *retrocede unos diez años. Ha recuperado algo de su empaque. Su voz es firme; su mirada irradia lógica. El* Hijo *ha quedado atrapado en un pasado remoto.)*

PADRE   *(A público.)* Hoy en día un viejo sin familia vale la mitad; y fracturado, la mitad de la mitad; y sin memoria, la mitad de la mitad de la mitad; y sin dinero, la mitad de la mitad de la mitad de la mitad. Un viejo como yo es una inversión inútil. Pero, ¿y un joven? ¿También lo es? No debemos olvidar que la juventud vive de la esperanza y la vejez, del recuerdo[1]. *(Pausa.)* A mi hijo y a mí nos encontraron abrazados el uno al otro junto a la escalera de incendios.

HIJO   *(Mirando al vacío.)* Padre, me ha dicho la enfermera que mañana por la mañana nos dan el alta.

PADRE   *(A público.)* Ya me habría gustado a mí haber entendido sus palabras; haberlo mirado

---

[1] HERBERT, George, poeta y sacerdote inglés.

sabiendo quién era, no con aquellos ojos míos de animal caído en una trampa.

HIJO   (*Igual.*) Iba a ser hoy, pero al médico le ha surgido una urgencia y no ha podido ser. Hasta mañana, padre.

PADRE   (*A público.*) Antes de que todo fuera cenizas le pedí un último favor a mi hijo. (*A él, retomando de nuevo el anciano del principio.*) ¿Tienes un cigarrito *pa* mí, Tobalito?

HIJO   (*Mirando al vacío, susurrando.*) Mañana cuando estemos fuera.

PADRE   (*A él.*) ¿No me engañas?

HIJO   (*Mirando al vacío.*) Yo a usted nunca, padre. Descanse. Que si esta noche todo va bien, mañana nos vamos.

(*El* PADRE *repite en bucle la palabra "claro" mientras se acerca al* HIJO, *le cierra los ojos y luego se cierra sus propios ojos.*)

Oscuro lento.

Esta primera edición de *dientes de flores / llagas / querencia,*
de Carlos Herrera Carmona, terminó de imprimirse
en mayo de dos mil veinticinco,
en Madrid.